品成

阅读经典 品味成长

只有父母觉醒，
孩子才能够成长。

倾听是一种

功夫，每个家长

都需要练习自己

的"听功"。

养育是一场离别，家长养育孩子的终极目标是将孩子推出家门。

永远和孩子站在相同的圈子里，共同面对问题。

养出懂事的"乖孩子"，不一定就是成功的。

孩子的内在自我认知来自父母的定义。

沟通的结果是达成一致，而不是证明谁对谁错。

无论何时何地，无论孩子发生什么事情，家长都要让孩子知道，回家是第一选择。

父母会聊天，
孩子更优秀

王纪琼 著

人民邮电出版社

北京

图书在版编目（CIP）数据

父母会聊天，孩子更优秀 / 王纪琼著. -- 北京：
人民邮电出版社，2024.4（2024.5重印）
ISBN 978-7-115-63965-3

Ⅰ. ①父… Ⅱ. ①王… Ⅲ. ①家庭教育 Ⅳ. ①G78

中国国家版本馆CIP数据核字(2024)第055019号

◆ 著　　　　王纪琼
责任编辑　马晓娜
责任印制　陈　犇
◆ 人民邮电出版社出版发行　　北京市丰台区成寿寺路 11 号
邮编 100164　　电子邮件 315@ptpress.com.cn
网址 https://www.ptpress.com.cn
涿州市京南印刷厂印刷
◆ 开本：880×1230　1/32　　　　　彩插：2
印张：8　　　　　　　　　　　2024 年 4 月第 1 版
字数：126 千字　　　　　　　　2024 年 5 月河北第 3 次印刷

定价：52.80 元

读者服务热线：（010）81055671　印装质量热线：（010）81055316
反盗版热线：（010）81055315
广告经营许可证：京东市监广登字 20170147 号

前言
不理解孩子心理，养不出优秀孩子

在一档电视节目中，一位主持人采访了一个 5 岁的小男孩。

主持人问："假如你是总统，你会为大家做什么呢？"

男孩认真且坚定地说："我会照顾好整个国家。"

主持人笑着反问："你会照顾好整个国家吗？"

男孩回答："是的。"

主持人："那真是太好了。如果你是总统，你会给人们任何东西吗？"

男孩更加坚定地说："我会的。"

主持人又问："比如呢？"

男孩笑着说："糖果。"

主持人听后，表现得比小男孩还兴奋，说道："小伙子，你必须当上总统，因为我也很喜欢糖果，我打赌你不知道我最喜欢的糖果是什么。"

小男孩试探地问："是巧克力棒吗？"

主持人惊喜大笑："巧克力棒？谁告诉你的呢？"

男孩很意外主持人的反应，说道："我猜对了吗？"

主持人很认真地提高声调说："你猜对了！没错，就是巧克力棒！"

然后，两个人兴奋地击掌庆祝。

在这段简单的对话中，主持人完全**将这个小男孩当成与他平等的成年人，认真地倾听，对每一个回答都给予积极的肯定**。这段对话之后，这个男孩会因为被听见、被肯定而备受鼓励。如果这段对话发生在家长和孩子之间，会是怎样的走向呢？

我每天都会面对很多前来求助的家长，他们满脸愁容，迷茫无助，向我倾诉自己遇到的育儿难题和委屈。尽管每个家长的育儿问题都不同，但所有家长都有个共性，那就是为孩子付出很多，甚至做了很大的牺牲，换来的却是孩子厌学、逃学、成绩差、叛逆、顶嘴……

父母费尽口舌，孩子油盐不进；

父母费时间陪读、陪写作业，孩子毫无学习兴趣；

父母为孩子累死累活，孩子却一点儿都不感恩；

平日里母慈子孝，一写作业鸡飞狗跳……

为什么付出没有回报呢？

在深入了解这些家长与孩子的相处模式时，我发现，这些父母都太不会聊天了！

他们很爱给孩子讲道理，不愿意说没用但好听的"废话"；

他们很爱讲自己觉得重要的，却无视孩子想听、想要的；

他们很喜欢见缝插针地教育孩子，却不擅长调动亲子相处的乐趣。

我一直坚信，没有不听话、不优秀的孩子，只有不会聊天的父母。

咱们父母啊，如果孩子不愿意跟你说话，那么教育无从谈起。

正因为我想帮助家长解决这类问题，所以我写了这本书。这本书是我专门写给喜欢唠叨的父母们的，教他们学会通过聊天来解决养育问题，陪孩子成长。

如果你是一位不会聊天的家长，请务必认真读读这本书。

首先，书中的育儿理论和技术非常好懂、好用。这些年里，我一直在做的一件事就是把心理学生活化，从我们日常的生活内容中淬炼心理学原理，形成好用的方法，用在家庭教育上。所以，这本书中提到的双圈理论、鱼缸理论、石头理论等理论，以及各种快速有效的聊天技术都很好理解，所有父母都能看懂，会用。

其次，场景化育儿。我和团队从过往案例中精选了30多个典型育儿场景和问题，并给出具体的解决方案。如果你也遇到这些问题，可以直接翻阅书中的方法，拿来即用。

再次，教你把话说在点子上。如果你爱唠叨，习惯说教，你的亲子关系就不太理想，因为你很可能经常把天聊死。这本书能帮你成为高情商父母，给孩子精准回应，让孩子信任你、依赖你。

最后，用最快的方法调动孩子的自我驱动力。通过这本书，你只需要学会说孩子想听的话，并多加练习，就能实现"自己动动嘴巴，孩子忙前忙后"。当孩子的积极性被调动起来，主动去生活、学习、交友时，很多问题就迎刃而解了。

哦，对了，如果你看到封面上熊的图案，可能会好奇：

为什么封面用这样一个图案？

　　因为我希望每个家长看完这本书都能够认同这点：只要父母把话说对，熊孩子也能迎来春天，也能变得优秀。

前言　不理解孩子心理，养不出优秀孩子

目 录

第三章 | **你真的
懂孩子吗**

第一章
———

家长懂点心理学，
才能更懂孩子

本章通过整理用心理学生活化沟通的三大核心技术和三大情绪管理理论，阐述如何把心理学知识融入家长的教育实践中，应用于日常生活场景中，以应对和解决家庭关系中出现的问题，特别是亲子关系中出现的问题。

家长一定要知道的心理学生活化

心理学一直以来给人们一种高不可攀的缥缈感。人们往往不清楚心理学研究在教育、工业、军事、司法等领域的应用，便认为其晦涩难懂；同时常常误以为接受心理服务的人都患上了心理疾病，唯恐避之不及。这让心理学蒙上了神秘的面纱。其实，虽然传统的心理学研究侧重于心理问题的诊断和治疗，但现代心理学则更关注普通人在生活中遇到的问题。我在本节中整理了三个心理学生活化的经典理论，进一步地向大家展示如何将心理学应用于日常生活场景中，应对和解决我们的家庭关系问题，特别是其中的亲子关系中出现的问题。

第一个理论：双圈理论——永远和孩子站在相同的圈子里。

当孩子出现某些问题时，往往涉及三个关键因素：家长、孩子和具体的问题。家长通常认为，问题是孩子身上出现的，所以要把孩子和问题放在一起，家长同时面对孩子和问题。这时候孩子是排斥、拒绝的，认为自己不被信任。而**双圈理论的策略是将家长和孩子划在一个圈里，强调家长和孩子是一体的，家长和孩子要共同面对问题**。这时候孩子是有安全感的，认为自己是被信任的。

我们可以通过一个案例来体会双圈理论如何发挥作用。学校开运动会，学生们都在忙碌着，要么在准备比赛，要么在啦啦队里为运动员加油呐喊，要么协助老师做后勤服务，小A却躲在树荫下玩手机。

老师看到后，批评了小A，并且要没收手机。但是手机是小A向同学借的，一旦被没收，他无法和同学交代，于是小A遮掩着不肯交出来。结果老师更加生气，批评得更加严厉了，小A忍不住大哭了起来。

运动会结束后，老师依旧在气头上，于是打电话给小A家长，说："你看看小A，别的孩子都在帮忙，就他一个人在那里玩手机……"

作为家长，接到这样的电话之后会怎么办呢？让我们一起看看下面两位家长的做法。

第一位家长："你今天在学校发生什么事情了吗？"

小 A ："没什么事。"

家长："开运动会了吗？"

小 A ："开了。"

家长终于忍不住了，直奔主题："老师打电话说了你玩手机的事，怎么回事？"

第二位家长："听老师说，开运动会的时候别的同学都在那里帮忙，只有你在玩手机，你为什么在那里玩呢？"

这是大多数家长常见的做法，然而这些做法都将孩子和问题放在了一起。家长已经预设并认定了孩子就是在玩手机，失去了听到孩子真实想法的机会。我并不是鼓励家长质疑老师的话的真实性，而是提醒家长要尊重孩子的感受与表达。孩子的每一次犯错，都是难得的教育契机。

与前面所描述的做法不同，**善用双圈理论的家长**首先会使用客观性的语言来进行信息确认，例如家长**可以说："老师今天打电话说你在学校发生了点不愉快的事，但是妈妈/**

爸爸没在现场，不知道到底是怎么回事，你能不能和我说说发生了什么？"这样就将孩子和问题划到了不同的圈子里，避免孩子和问题纠缠不清。

当孩子回答后，**家长可以这样回应孩子："你说的我都听到了，那么你对这件事是怎么看的？"**听一听孩子的意见，这既是对孩子的信任，也是对孩子的考验，身为父母要相信孩子会正确面对问题。

最后，家长可以引导孩子："你说完了，我也听懂了，可是这件事情已经发生了，一定要解决。你能不能和我说说你打算怎么解决这件事？"这时候家长和孩子是站在一个圈里的，家长陪孩子共同解决问题。

永远和孩子站在相同的圈子里。

第二个理论：鱼缸理论——不是更换，而是改进。

很多人都曾经对那些美丽灵巧、游来游去的小鱼产生兴趣，兴致勃勃地买回鱼缸和设备自己动手来养，最终把小鱼养死，把鱼缸丢弃，把设备送人。要把鱼养好，只有主观上的喜欢和客观上最好的设备是不够的，还需要恰当的饲养方法，以及在饲养过程中不断学习科学的养鱼知识。

养育孩子也是同样的道理，只有爱和物质条件是不够的，还需要不断学习科学的儿童心理学知识和养育方法等。假如家庭是一个鱼缸，父母是水，孩子是小鱼。如果小鱼不想待在鱼缸里或者水中缺少了氧气、出现了杂质，又或者小鱼生病了，那么我们要做的是清理水缸环境，改进现在的饲养方法，学习新的、科学的饲养知识，而不是将水、鱼或鱼缸换掉。因为直接换掉虽然快捷，但会让我们重复错误的路径，本质问题没有解决，依旧无法养好鱼。况且在现实生活中，我们不可能将自己不满意的孩子换掉。

当鱼缸里缺氧了，我们就需要安置一台制氧机，增加氧气的供应；同理，当家庭氛围变得紧张、凝重，我们就需要寻求第三方的帮助，吸纳新的教育理念和养育方法，以改善家庭氛围。

当水中出现了杂质，就需要进行过滤，并寻找杂质来源；同理，当我们使用了负面的、消极的教养方式，就要自我反思，摒弃过时的、不适合的教育方式。

我们需要了解孩子的性格特点，为孩子营造适合其成长的家庭环境。只有鱼缸里的环境好了，小鱼才能健康地成长，同样，只有家庭氛围和谐了，孩子才有可能快乐、幸福地茁壮成长。

鱼缸理论提示每一位家长，养育孩子并不是一厢情愿地提供最好的物质资源就可以了，而是应该尊重孩子的特点，运用恰当的方法，进行科学教养。

> 注重家庭氛围的建设，让这个家变得有欢声笑语，变得有意思，孩子们才愿意在家里待着。

第三个理论：石头理论——让孩子讨厌的不是事件本身，而是家长在事件中的态度。

石头很不起眼，在门口、街上、路边随处可见。如果有一天我们心血来潮捡了一颗石头带回家里，家人可能会觉得

父母会聊天，孩子更优秀

有趣或无聊，不会放在心上。但是如果我们当着家人的面，用清水仔细冲洗这颗普通的石头，并用布将它包起来，然后摆放在显眼的地方，每天都要摸上几遍，甚至不允许任何人靠近。这样一来，家人会有怎样的反应？他们很快就会对这颗石头产生强烈的厌恶，并且想尽办法把它扔掉。事实上，他们厌恶的不仅仅是石头，更是我们对待石头的奇怪态度。

同理，在现实生活中，当我们厌恶某个人，开始对这个人态度恶劣的时候，我们厌恶的不仅仅是这个人本身，还包括他说话、做事情时呈现出的态度、语气和神态等。家长与孩子之间也是如此，**很多家长抱怨孩子对自己态度恶劣，总对自己发脾气，其实孩子对家长的态度在很大程度上与家长处理孩子问题时的态度和行为有关。**如果家长能够明白这一点，就能避免很多和孩子之间太过激烈的冲突。

曾经有一个单亲妈妈找到我，她含辛茹苦地把女儿养大，女儿小的时候很乖巧，初二的时候迷上了网络，几乎到了成瘾的程度。有一次妈妈去网吧里找女儿，与女儿产生了激烈的冲突，女儿最后竟然推着妈妈往墙上撞。

我给这位妈妈的建议是"做一位好妈妈"。比如，女儿晚上上网，白天睡觉，妈妈每天早上给女儿做好早饭，并且放上一张纸条，写着：**亲爱的女儿，妈妈已经把饭做好放在桌上，你醒来记得吃饭。永远爱你的妈妈。**

她起初对此并不理解，拒绝这样做，还一直数落孩子的不是。我告诉她孩子现在把她当作"巫婆"，而不是妈妈，如果想要解决问题，就按我的建议去做。

第一个星期，孩子把饭菜扔进了垃圾桶，撕了纸条；我鼓励她继续坚持。三个月后的一天，当她放下饭菜和纸条的时候，孩子突然从床上起来，哭着对她说"对不起"。

孩子讨厌的并不是妈妈，而是妈妈对待自己的态度。**当妈妈做回妈妈的角色，孩子自然也就回归到孩子的角色。**很多家长以爱的名义给孩子施加各种压力，向孩子发泄自己的委屈和不满，这不但不能够换来孩子的理解，反而加剧了亲子之间的冲突。因此，在家庭关系中，家长要谨记石头理论，认清亲子冲突的症结，对症下药。

让孩子讨厌的不是事件本身，而是家长在事件中的态度。

心理技术在手，养娃快乐无忧

心理学家和教育学者都很强调沟通在养育过程中的重要性，但在生活中错误的沟通方式屡见不鲜。虽然沟通过程中人们可以通过语言、动作、表情等多种方式进行信息传递，但是在生活中，家长与孩子之间的沟通总是受到阻滞，常常"只沟没通"，甚至起到意想不到的反作用。运用心理学原理进行沟通，是每位家长需要学习的重要内容。

想要进行科学而有效的沟通，有三种核心技术。

第一种：接话技术——承认孩子的表达，接受孩子的观点。

很多家长在第一次接触接话技术时充满了怀疑，担忧地问："孩子的观点很多时候都是错误的呀，要是接受孩子的观点，还怎么教育孩子呢？"沟通的目的是就问题的解决方案达成共识，当我们直接批评、反驳孩子的观点时，孩子的反应常常是反感、对抗、发脾气。家长们要谨记：**有效的沟通不能只停留在表达自己观点的层面，而是要努力与孩子达成共识。**

　　接话技术的核心是，不论孩子表达了什么样的内容——即便不合常理，简单幼稚甚至荒谬至极，都应先接受孩子的表达，就像面对孩子递过来的一样物品，先接下来再说。这样做可以在无形中消除家长和孩子之间的对立，营造出一种没有对抗、没有冲突、没有矛盾的氛围；同时还拉近了和孩子的距离，让孩子感觉到父母是认同自己、理解自己的。这时候，孩子会更加愿意表达自己真实的感受，也更有可能接受父母的建议。

> 　　接话技术的重点是要打消彼此间的对抗之心，当对抗的情绪在不断地接话中逐渐柔软起来的时候，才能真正缩短人与人之间的心理距离。

父母会聊天，孩子更优秀

设想一下，有一天，家长接孩子放学回家的时候，孩子突然说："**我不想上学了！**"作为家长要怎么回应呢？

有的家长也许会询问孩子不想上学的原因："为什么呀？出什么事了？"孩子在说出这句话的时候本就带着情绪，而且此刻正在回家的路上，并不适合仔细了解前因后果。如果家长这么回应，孩子很可能会变得愤怒，大声吼叫："不想上就是不想上！"

有的家长会怀疑孩子是不是犯了错误："是不是在学校犯错了？老实告诉我，我来给你解决。"这话虽然是在询问，但实际上家长已经认定孩子犯了错，并想要逃避承担错误，孩子只会感受到家长对自己不信任，变得更加委屈。

还有的家长会立刻开始吓唬孩子："不想上学？好，明天开始所有的家务都归你，你就在家干活儿等我回家，看你能不能受得了。"孩子当然不会相信这是家长的真话，于是也强硬地回怼："干就干，谁怕谁！"孩子甚至很可能在第二天早上不按时起床上学，坚持要待在家里。

如果家长能接下孩子的话："**好的，我支持你的决定。不过这对于你来说是一个重要的决定，不能草率。这样，我们先回家，吃完晚饭，一家人坐下来，你详细跟我们说说你**

的计划。"这时孩子会被安抚，认为爸爸妈妈理解自己，认同自己，愿意支持、倾听自己，负面情绪会缓和。当吃过晚饭后，他或许会主动说出自己不想上学的原因、遇到的困扰和问题等。

第二种：前置技术——让快乐的体验和积极的预期提前。

快乐的、正向的、积极的体验要比挫折的、痛苦的、消极的体验更能促进一个人的行为。多数人都是为了获得快乐的体验去行动的。即使是外人不理解的、"看上去很辛苦"的事情，当事人愿意做，也会有让他感到快乐的因素。儿童也是如此。

很多家长对孩子的挑食行为感到头疼，即便家长不断强调营养全面的重要性，尝试各种新花样的做法，孩子也依旧提不起食欲。这很可能是因为孩子在吃食物的时候，没有体会到快乐，只是觉得不好吃，而且父母的唠叨和强迫进一步加深了孩子对食物的反感。**解决挑食最好的方法，就是让孩子和不挑食的其他孩子成为伙伴**，当孩子看到食物时，想起来的是和小伙伴在一起玩得开心，而不是父母的唠叨和说教，这样他们就会愿意尝试朋友喜欢的食物。

家长在教育和引导孩子的过程中，要努力维护孩子的快

乐情绪，让孩子带着积极的期待去尝试每个行为，孩子的自主性自然就会变高。

例如，在孩子开始写作业的时候，家长要给予肯定和鼓励，让孩子提前感受学习带来的乐趣。这就像考驾照时，教练不断鼓励学员练习，学员虽然觉得辛苦，但会带着自己会开车的美好想象努力练车，争取早日考取驾照。但如果在学员还没有接触动作要领的时候，教练就不断说着开车很难，安全事故很可怕，赔偿和损伤是不可逆的，学员的积极性会减弱。

前置技术就是提醒家长，**让孩子在做事之前就体验到愉快的情绪，会更有利于行动**。有时候，这种愉快的体验还可以通过前置孩子对未来的期待来实现。

例如，家长看到孩子喜欢各种汽车模型，有的家长会和孩子说："你这么喜欢车，长大了可以开真正的车。"另外一些家长则会对孩子说：**"你这么喜欢车，长大了可以成为研发和设计各种车辆的工程师。"**虽然这两种说法并不一定会决定孩子未来的发展方向，但是如果这两种期待留在孩子的脑海中，会带给孩子不同的成长空间。前一种说法可能会让孩子的注意力停留在开车的操作层面，当他看到家长或司机的操作之后，他的好奇心或许就得到满足了，对车就不会有更进一步的兴趣了；而后一种说法则可能会让孩子对与车有关的信息更加好奇，想要了解更多与车相关的知识。

在孩子刚刚开始探索这个世界时，如果家长一直强调做不好和达不到目标将面临的糟糕结果，孩子就只会感到沉重的压力，甚至可能因为不会调节压力，无法将压力转化为动力，从而自暴自弃。

如果家长可以让孩子提前体会到愉悦，给孩子描绘美好的前景，让孩子提前体验探索之后的成就感和幸福感，这种积极的体验和期待就可能伴随孩子一路奋勇前进。

第三种：失衡技术——让孩子在错误中待一会儿。

每个人的心中都有一架天平，当自己的行为和得到的反馈与预期一致时，天平保持平衡，人们感到心安理得；当自己的行为得到的反馈和预期不一致，甚至与自己的设想完全相反时，天平就会失衡，人们就会感到不安，并开始认真地思索其中的缘由。

在孩子的心中也有这样一架天平。当孩子做了正确的事情时，他们期待父母的称赞；当孩子做了错误的行为时，他们也知道会遭到父母的批评。如果父母此时给出相应的称赞或批评，孩子的内心就可以保持平衡。但是如果在孩子犯错的时候，父母并没有批评孩子，反而理解和包容孩子，孩子的内心就会感到失衡，并且开始主动反思，还会为了回报大人的包容主动改进，做得越来越好。

所谓失衡技术，就是让孩子在错误中待一会儿，留给孩子反省的时间。生活中，很多家长提前下班回到家后，看到孩子在看电视而没有写作业就会愤怒，认为孩子在自己回家之前一定已经看了很久时间了。

于是很可能会朝着孩子吼叫："我不盯着你，你就不自觉吗？""你是给我学的吗？就知道玩，你能有出息才怪！"孩子听到你的话，他只会在心里想："我就知道我妈会这样。"你气得半死，孩子根本不走心，完全达不到教育的效果。所以，当孩子犯错了你不知道跟孩子说什么时，最好的办法就是让孩子在错误里待一会。有时候，你不说，要比你说千万句有用得多。这时，你可以转身回到自己房间，去忙自己的。孩子看到你如此反常的反应，会纳闷甚至内疚，然后跑到你的房间门口，敲门问："妈妈，你今天咋了？"这时你再跟孩子心平气和地聊天，才能够真正影响到孩子。还有的家长听到其他小朋友来告状，就会立即发火，不由分说地训斥自己的孩子。这些家长对问题的反应很迅速，可是事实往往与他们推测和设想的完全不同，有时候甚至冤枉了孩子。如果家长不由分说地训斥、打骂孩子，孩子并不会记住教训，反而会怨恨家长不肯相信自己，这对孩子行为习惯的养成并不会起到积极的作用。

家长在教养孩子的过程中，一定会发现孩子的各种错误行为，也一定会听到孩子各种天马行空的想法，但切记不要出手太快，注意使用失衡技术，让孩子在错误里、不恰当的想法里待一会儿。这样，家长有了了解真相的时间，孩子也有了反思、主动自我调整的机会。家长的等待和孩子的主动，才会换来共同的成长。

沟通看似容易，但是通过有效沟通建立良好的亲子关系，并产生正面的教育效果，则是个难题。家长一定要学习并掌握一些沟通的技巧，并融会贯通，应用到养育实践中。

很多时候，我们没有把孩子当成一个重要的人，我们只关注他身上的毛病和我们认为重要的事，家长每天用解决事的心和行为来关心孩子，来爱孩子，孩子感受不到父母的真心实意，于是孩子为了唤醒父母爱自己这个人，只有把问题搞得更严重，才能警醒父母更爱自己，这就是孩子出问题和问题越来越严重的真相。

学会三大情绪管理理论，成为高稳定家长

不论大人还是儿童，都会有情绪体验，也不可避免地会受到情绪的困扰，而调节和管理情绪的能力并不是天生就拥有的，而是通过后天的学习才能获得的。家庭是每个孩子最早进行情绪学习的地方，父母的情绪反应、情绪调节的方法、应对儿童极端情绪的方式，都会对儿童的成长产生重要影响。了解和掌握以下情绪管理理论，对于孩子的养育有很大的助益。

第一，"菜角理论"——当遭遇情绪反应时，追根溯源，了解引起情绪反应的原因是什么，事实是什么，而不是过于纠结对方的情绪反应，以及因这种情绪所引发的自己的

情绪反应。

早年我刚到郑州工作的时候，租住在城中村，早餐一般都在街边的小吃摊解决。有一天早上，我刚出门就在街边碰到一位卖菜角的阿姨。菜角是一种北方人很喜欢的油炸食品，由小麦面粉做皮，裹着粉条、鸡蛋、韭菜等。阿姨的菜角当时的价钱是五毛钱两个，我问她："五毛钱三个行不行呀？"我并不是觉得价钱太贵，而只是作为消费者的一种还价习惯，顺嘴一问而已。不料，卖菜角的阿姨说道："你这人怎么这样还价呀，五毛钱两个已经不挣钱了，你还要三个！你怎么这么过分！你看着就一肚子坏水儿。"

我当时听了这话，情绪瞬间被点燃，特别想和她理论一番：我不过就是还个价，你不同意不卖就是了，不至于说话这么难听吧！可是如果我就这样跟她理论，那么最后的结果只会是两个人当街吵起来。于是我很快调整自己的情绪，当下什么也没说，停顿了几秒钟之后主动和她聊起了天。聊着聊着，卖菜角的阿姨说："这城中村的人太坏了，我一大早在这里卖菜角，他们仗着自己是本地人，要撵我走，我辛辛苦苦做个小生意，还要受人欺负，气死我了！"这时候，我意识到这位阿姨之前的所有言语、行为和状态，都与我的还

父母会聊天，孩子更优秀

价没有关系，她只是在"借题发挥"。

由此我总结出了"菜角理论"：一个人情绪的产生有着多方面的原因，我们要跳过情绪的表象，去观察和寻找情绪产生的原因是什么、事实是什么、与情绪本身相关联的事件是什么，否则，就会被对方的情绪左右，甚至卷入对方的情绪之中。情绪的管理不是消除或压制情绪，而是在觉察到自己和他人的情绪后，积极调整情绪带来的负面反应和不恰当的表达方式。

当孩子说"不"时，家长常常会产生情绪，因为孩子不听话而愤怒，或者因为感受到孩子对自己的顶撞而不悦，于是注意力都放在了降服孩子上，甚至直到孩子说"我错

> "菜角理论"——当遭遇情绪反应时，追根溯源，了解引起情绪反应的原因是什么，事实是什么，而不是过于纠结对方的情绪反应，以及因这种情绪所引发的自己的情绪反应。

了""我知道了""我听你的"才罢休。通过菜角理论，我们要学会识别孩子言语背后的情绪，去分析引发情绪的事实。**当孩子说"不"，证明教育时机未到，因此不能过度苦口婆心去说服孩子，而是应该把注意力放在和孩子修复情感关系上，去增加和孩子情感账户里的存款。**

第二，"地图理论"——你之所以被情绪影响，并不是因为引发情绪的事件对于你来说很重要，而是你因为这件事而产生的情绪反应被放大了。

有一张照片，内容是小孩子的屁股上画着一张世界地图，如果你问一个人，看到了什么，是小孩子的屁股还是地图？

显而易见，这两个答案都是正确的，这张图片颇具创意和趣味，也可以作为测试一个人关注的是更大的还是更小的视角的一个心理测试。能从更大的视角来看待问题，有利于问题的解决。我们家庭中发生的事情再大，放在世界这个大的维度上来看，也只是一件微小的事；我们遭遇的重创和打击放在人类亿万年的进化历程里，也只是微不足道的一件件小事。这并不是否定作为个体的我们存在的价值，而是希望各位家长能够放大自己看待问题的视野和格局。这就是"地图理论"。

美国心理学家埃利斯发现，诱发情绪的事件只是引发情绪和行为后果的间接原因，直接原因则是我们对这个诱发事件产生的看法。那些让我们产生压力和负性体验的事件就像一滴滴墨水，如果我们把自己看作一瓶清水，这滴墨水就会成为一团抹不去的阴影；如果我们把自己看作一片汪洋，那么这滴墨水的影响完全无足轻重。

当孩子成绩下滑时，如果家长可以把这看作孩子学习路上的必经阶段，相信只要找到其中的原因，调整学习状态，孩子就可以获得进步，那么家长就能平静、耐心地鼓励孩子；如果家长认为这是一个糟糕的信号，一次成绩下滑就代表孩子懈怠，表明孩子已经在学习上感到吃力，是孩子成绩变差的标志，那么家长就会感到焦虑，并且失去耐心，自乱章法，面对孩子时只有指责和抱怨。

举例：

当孩子这次考试成绩下滑时。

错误的语言："看吧，我说什么来着，我就发现你最近很不认真。现在哭哭啼啼的，早干什么去了？如果你再不努力，下次就能最后一名了！"

正确的示范："妈妈看到你今天不开心，是因为考试成绩不理想是吗？你重视考试成绩，这点很好，说明你也看重学习这件事。但是呢，一次的考试成绩只是反映出这一个阶段的学习状态。我们先吃饭，然后妈妈陪你分析下这次所有错题的原因。接下来，你有很大的进步空间，我也相信下一次你会表现得更好的！"

在家庭中，家长的情绪失控往往与孩子的学习有关。事实上，面对教育过程中的问题，如果家长能够运用"地图理论"，从更大的视角来看待和处理，那么不仅能够更高效、积极地解决问题，亲子关系也不会因家长的情绪失控而受影响。

第三，"筷子理论"——情绪中对立的人，需要第三方力量的调节，才能合二为一，化解分歧，齐心合作。

筷子是我们生活中十分熟悉的一种工具，我们几乎每天都在使用它。筷子经过几千年的传承，发展出各种材质、形状和尺寸，但唯一不变的是，筷子永远是一双一双的。

本是一个整体的两个家庭成员，发生冲突和分歧时，就如同一双筷子一分为二。要缓和这两个人的矛盾，如同使两根筷子协作，就需要第三方的力量。

我的朋友曾经讲述了他和孩子之间的故事。有一天，这位爸爸带着儿子去奶奶家吃晚饭。刚到奶奶家，孩子鞋也没有换，就直接进屋躺在了沙发上，还把脚放在了沙发上，没脱下来的鞋弄脏了沙发。爸爸很生气，觉得孩子太没有礼貌，就算是在奶奶家，也太放纵了，于是开口骂了孩子，要求他去换鞋。结果孩子不仅不换鞋，反而故意又踩了几下沙发。爸爸气得火冒三丈，惩罚孩子不准吃晚饭。孩子也不认错，吵着要回家。爸爸于是威胁孩子："你敢走？你走试试！"谁知话音刚落，孩子就摔门而出，直接走了。原本愤怒的爸爸见状慌了，马上着急地追了出去。

情绪失控的父子二人对立着，这种姿态根本解决不了问题。爸爸的情绪管理能力不足，处理问题时也不够理智；孩子也不善于表达自己。如果在冲突之初，有第三方的力量进行协调，冲突就会缓解和降级，而不是逐步升级、演变成孩子离家出走这种不可收拾的地步。

如果你也曾经是故事中的"爸爸"，陷入情绪之中，且怒气值越来越盛的时候，一定要提醒自己，情绪是不能解决问题的，要拉入第三个人来进行缓冲，给妈妈打电话，或者求助于旁边的爷爷奶奶；如果你是观察到这一场冲突的"爷爷奶奶"，一定要及时参与进来："**乖乖你只是太累了，不小**

心的，并不是故意不礼貌，对不对？爸爸的语气不好，也需要改正。"如此，冲突很快就化解了，孩子和爸爸都不会被情绪牵着走了。

情绪管理并不是消灭情绪，情绪也不可能被消灭。情绪调节是通过理解对方和放松自己，采取一定的策略和机制，使情绪在沟通和家庭养育的过程中发挥出积极的作用。第三方的加入往往是一个很有效的策略。

不论是使用菜角理论，探查情绪的源头与真相，还是使用地图理论，重新审视问题的意义，抑或是使用筷子理论，及时介入冲突之中做出缓和，这都是在提醒我们：要努力控制情绪，尽量避免反被情绪控制。

教大家一句自我情绪稳定语，你可以在每天早晨念一遍，提醒自己体察并管理好自己的情绪：

父母的情绪稳定是解决孩子问题的基础，我要做我家的定海神针，我要深刻地认识到所有焦虑的本质都是唤醒，我要彻底地觉醒，认清真相，做定海神针。

从今天起，无论遇到任何事情，我都要做家庭的定海神针，**即便解决不了问题，也绝不再让问题升级、矛盾扩大，让家庭安静下来是第一要务。**

第二章

为爱牺牲的中国父母，
越爱越错

上一章我们科普了心理学生活化的价值，在用心理学养育孩子前，父母最先应该做的就是觉察自身存在的错误养育认知和养育习惯，只有了解了自身存在的问题，父母才会改变。本章带家长们分析这些常见的错误。

人无完人，你却想要培养完美的孩子

提到对孩子的期待，很多家长似乎都会想象一个画面：孩子每天自觉早起，完全不会赖床；起床后，立即洗漱吃饭，出门上学；放学回到家立即开始写作业，中途不溜号，也不会被任何事情吸引注意力；写完作业继续认真做课外题，严格控制自己玩游戏的时间；到了晚上不需要家长的提醒就能按时入睡；考试成绩名列前茅，与小伙伴们相处融洽，积极参加各种学校的活动，对家长的话百分百顺从……

这样的画面永远只会存在于想象中，因为这样"完美"的孩子并不存在。即使是最自律、优秀的孩子，也几乎不能做得如此"完美"。孩子是一个独立的人，他有自己的想法和意愿，如果一个孩子完全符合家长的期待，完全听从家长的安排，那家长不应该引以为傲，而是该考虑孩子的心理健康了。

人无完人，世界上不存在完美的人，但家长总是想把孩子培养成为一个完美的孩子。很多家长认为只要树立一个完美的养育目标，孩子就会朝着优秀的方向成长。这只不过是家长在养育过程中的一厢情愿。如果家长一味按照自己想象的完美画面来培养和要求孩子，往往会使孩子出现很多消极的认知和行为，比如情绪变得暴躁，开始厌烦上学，认为家长对自己的爱是有条件的，开始出现讨好行为，甚至离家出走等。

当家长带着完美标准去教育孩子时，孩子在家长眼中就永远是不合格、不理想的，他们不满意孩子的表现，只能看到孩子的不足，对其百般否定，容忍不了孩子的任何错误。孩子面对家长时常容易感到恐惧和自卑，甚至会慢慢形成"我太笨了""我是一个让父母丢脸的孩子"等错误的自我评价。

犯错是孩子的天性，家长要允许孩子犯错。家长需要从孩子犯的错误中教会孩子吸取教训，积累经验，从错误中成长。只有家长能允许孩子犯错，才能理性看待孩子出现的各种问题。这样的家长才能明白孩子犯的每一个错误，都是教育的契机，因此才能更加包容孩子，助力孩子的成长。

渴望孩子成为祖国的栋梁之材是人之常情，但是未来能成为"栋梁"的孩子毕竟是少数。**如果孩子做不成"栋梁"，那么家长可以培养孩子成为"窗户"；如果孩子无法成为"窗户"，那么可以培养孩子成为"门""桌子""凳子""筷子"，甚至成为一根"牙签"。**孩子的未来是无限的，存在各种各样的可能。

家长不要以狭隘的价值观评判或约束孩子未来的发展。牙签也有牙签的尊严和价值，牙签也有发挥重要作用时。在我们需要塞牙的时候，只有牙签才能解决我们的烦恼，再渺小的事物都有它们存在的意义。事实上，我们大多数人的人生都是平凡、普通、渺小的，我们需要在平凡的生活中定义自己的价值。作为平凡的人，我们能够把自己的生活过好，把工作处理好，把家人、孩子和父母照顾好，就已经很了不起了。我们没必要自我否定，也没有资格要求孩子成为完美的人。

完美虽然诱人，但是不完美才是人的本性，完美反而背离了人的本性。凡事都没有绝对的完美，盲目追求完美，会成为一种强求。一个过分要求孩子完美的家长，内心其实充满了自卑感，**一个自卑的家长养不出自信的孩子**。他们这种永不满足的心态会使自己的孩子生活在自卑和无力的枷锁里。追求完美的人总是盯着自己做不到的事情，而忽略自己拥有的一切，他们无法肯定自己，也无法肯定孩子。这种人表面上对自己、对他人都是高标准，其实内心脆弱，害怕面对失败、害怕他人的评价。

作为一个普通的家长，要做的并不是要求自己穷尽一切为孩子提供最优秀的资源，也不是强迫孩子朝着不可能完成的目标前进，更不是要求孩子成为完美的孩子。家长要做的是多鼓励孩子、认可孩子、表扬孩子、理解孩子、支持孩

每一个有问题的孩子都是一个好孩子，他们委屈了自己，压抑了自己，把自己变成行为的问题者，来唤醒家长。

子，无论孩子表现怎样，都无条件地给予包容和接纳。

不要把自己的认知焦虑、恐惧、愤怒和委屈转移给孩子。孩子若是平凡之辈，那就承欢膝下，若出类拔萃，就让他展翅高飞。**接受孩子的平庸，就像孩子从来没有要求父母必须多么优秀一样**。正所谓"穷不怪父，孝不比兄，苦不责妻，气不凶子"，对孩子保持宽容性的期待，按照正确的方法持续不断地引导孩子成长，孩子的人生自在平凡中见伟大。

养育是一场离别，你却不愿意放手

家长养育孩子的目标是什么呢？

我曾经问过很多家长这个问题，几乎所有的家长都会说，目标是希望孩子健康、有能力，能够适应社会、独立自主……然而这些都只是家长美好的想象。

其实，养育是一场离别，**家长养育孩子的目标是将孩子推出家门**。我们养育了一个孩子，给予了这个孩子全部的时间、精力和爱，倾尽所有地给予支持，培养他长大，就是为了有一天我们可以放心地、潇洒地把他从身边推出去，让他一个人在这个世界上有尊严、有价值、有能力地活下去。

家长第一次把孩子推出家门，是在孩子上幼儿园的时

> 每个生命都是有自然轨迹的，冥冥之中是有注定安排的，不要刻意改变孩子的生命轨迹，要一点点推动孩子的觉醒，给他希望，给他方向，给他结果，这才是家长最应该做的事情。

候。那时候，孩子很伤心，因为他们什么都不懂，什么都不会。家长虽然舍不得，但依旧坚持把孩子送进幼儿园，因为这是孩子适应社会的第一步，独立学习的第一步，是孩子成长的重要阶段。那些由于孩子在幼儿园里哭闹就把孩子又接回来的家长会发现，孩子哭闹的问题不但没有缓解，反而出现了其他更加严重的问题。

家长第二次把孩子推出去，是在孩子上小学的时候，孩子需要独立面对新的老师、新的学习模式。

家长第三次把孩子推出去，是在孩子读初中的时候，孩子需要独立面对青春期的各种变化。

家长第四次把孩子推出去，是在孩子读高中的时候，孩子需要独立生活。孩子总是拒绝的，因为他们要面临新的环境、新的挑战，但是家长每一次都坚定推出去的心。这些坚定的家长会发现，孩子在新的环境里积累了宝贵的经验。

家长第五次把孩子推出去，并不是在孩子上大学的时候，而是在孩子结婚的时候。考上大学的孩子恨不得立马远离父母，不需要家长推，他们早就想离开了；而结婚标志着孩子就要脱离原生家庭，进入新生家庭。如果家长没有及时将孩子推出去，孩子的婚姻生活就会遇到很多的问题。

家长现在学习的每一种科学方法，都是在练习如何将孩子推出去。

心理学中有一个概念叫作"分离焦虑"，是指人们因为和重要的人分离而产生的一种焦虑情绪。在孩子身上，这种情绪通常在幼儿时期表现得比较明显。爸爸妈妈每天上班时，孩子离开爸爸妈妈第一次去幼儿园、第一次独自和其他小孩子玩耍时，也可能产生这种情绪，哭闹起来。这是一种很正常的反应，随着孩子对环境的适应，焦虑情绪也会逐渐减少。

分离是孩子在成长过程中必须经历的体验。孩子依赖家长的照顾以及和家长在一起的安全感，会对家长产生强烈的情感需求。当爸爸妈妈要和孩子分离时，孩子会本能地抗拒，因为他们会体验到沮丧、悲伤、害怕、孤单等不良感受，然而这些体验是有积极意义的。当孩子逐渐长大，他们还会遭遇很多离别事件，包括毕业、亲人去世、父母离婚，等等。因此，早点学会应对分离焦虑、处理焦虑情绪，可以帮助孩子顺利度过重大的离别事件。否则，分离焦虑持续到成年阶段，容易导致孩子出现心理问题。

在生活中，很多分离其实并不是孩子无法适应，而是家长无法放手。真正有分离焦虑的并不是孩子，而是家长。其中的原因可能是家长自身在成长过程中，没有处理好分离的议题，与孩子分离激发了家长内心深处的某种情结和恐惧。这需要家长学习更多心理知识，甚至寻求专业的心理咨询，否则会给孩子带来沉重的心理压力，干扰孩子的成长。还有一种可能，就是家长对养育孩子有着错误的认知。家长只看到了表面的养育目标，而忽略了养育的本质。

养育是一场离别，无论家长是否愿意接受，这都是不争的事实。家长必须调整自己的感受和想法，让自己逐渐成熟起来，做好与孩子分离的准备。

家长必须学会对孩子放手，无论家长是否愿意，这都是必须完成的任务，否则只会走向养育孩子的困境。

让孩子心疼你，而不是服从你

许多家长常常因为孩子不听从自己的安排，哭闹，愤怒，委屈，抱怨孩子不听话、不懂事，其实这个表述并不准确，**真正让家长难过的是孩子不心疼自己。**

有一个住校的高中生，每两周休息一次，通常是周六中午由家长接回来，周日晚上再送到学校上晚自习。孩子难得回来一次，妈妈心疼孩子在学校辛苦，做了一桌子菜，可是孩子回到家，放下书包就抱着篮球想要出门，说已经和朋友约好了，下午要一起打篮球。妈妈当时就生气了，威胁孩子："你敢走？这一桌子菜你都不吃，你就走？你给我把饭吃了，不然哪都不能去！"结果孩子也恼了，大吼一声：

"我不去了！我也不吃饭，你满意了吧！"说完把篮球一扔，进了自己的房间，锁上了门。妈妈坐在门外，守着一桌子饭菜大哭。

我知道这件事后，给这位妈妈想了一个办法。我让她换一种方式重新和孩子沟通："**你既然和朋友约好了要一起去打球，妈妈支持你。你好不容易放假，想和朋友一起玩，这是多正常的事呀！可是你得提前告诉妈妈，妈妈给你准备水果和点心，这样你玩的时候还有补给，多舒服。可是你没有提前打招呼，我从早上起来就买菜做饭，辛辛苦苦做了这么多你爱吃的菜，你却说走就走，你怎么就不能心疼心疼妈妈呢！**"

然后，妈妈开始哭，要多伤心有多伤心地哭。妈妈要让孩子明白，自己哭、难过的原因，并不是不想孩子去玩，也不是孩子不吃饭，而是孩子不心疼自己。

通常这个时候，孩子会来劝慰妈妈："妈，你别哭了，我错了，我下回一定提前跟你说，我现在就吃饭。"

家长在孩子面前发泄情绪和指责孩子，是不理智的，也是很幼稚的。在这个案例里，其实孩子不是故意想要违背家长的想法，只是对于孩子来说，与朋友之间的约定很重要，重要到他可以为了赴约而不吃饭。这就像我们工作的时候，有一个重要会议或会面，我们也会不吃饭，拒绝家人、朋友的邀约。家长当然希望孩子是一个守信用的人，家长难过的是自己的心意被孩子忽略，自己的辛苦付出没有得到孩子的回应。

所以，不要再说孩子不服从自己，而要说，孩子不心疼自己。

很多家长不想让孩子心疼自己，他们认为自己是一个坚强的人。无论遇到什么样的事情，都告诉孩子"没有关系""我没事"。孩子主动的关心也会被拒绝。家长以为这是有担当，但这实际上会让孩子逐渐忽视家长的付出。如果父母一直把孩子当成国王一样，凡事都替孩子完成，孩子也会把父母看作仆人，不会心疼和体谅父母。

家长要适当地示弱，以得到孩子的关心。例如，洗澡的时候假装摔一跤，然后大声地呼唤孩子，孩子会过来扶起家长，关心家长的身体状况。家长要让孩子明白，自己不是超人，也会受伤、会被伤害。有段时间我一直出差，比较累，回家后马上又带着孩子们出去玩了一天，晚上回到家里，我捂着胸口说："哎呀，爸爸这几天太累了，今天还和你们玩了一天，心脏有点难受。"这时候我的孩子们都围过来，询问我的情况，一会儿说要给我捶捶肩，一会儿说要给我倒水，帮我拿东西，吃晚饭的时候还说："爸爸既然这么累，就在这休息吧，我帮你把饭拿过来，给你夹菜。"在这个时候，孩子们都很顺从我，也很体谅我。

父母要适当地示弱，以得到孩子的关心。

家长以为自己想要顺从、听话的孩子，其实真正想要的是心疼、体谅自己的孩子。如果家长在孩子面前一直是一个不怕痛、凡事都说没关系的人，孩子就不会把爸爸妈妈的感受放在首位。换个角度来看，也是如此，如果我们在自己的父母面前一直是最自立、最能干的孩子，那么父母往往会更关心其他的孩子；如果我们在爱人面前一直很坚强，表现出什么都不怕的样子，爱人也可能逐渐忽略我们的感受。

父母要明白，培养一个懂得心疼父母的孩子比培养一个听话的、学习成绩好的孩子更重要。

孩子希望被尊重，你却当他是附属品

在教养孩子的过程中，家长需要把孩子放在和自己平等的位置上，把孩子看作一个独立的个体，尊重孩子的想法、个性、喜好。孩子不是家长的附属品。

维持家庭平衡的方法，就是把小孩子当成大人一样尊重，把老人当成小孩子来哄。但是现实中，很多家长往往把孩子当成招之即来、挥之即去的宠物，动不动就训斥孩子，总感觉孩子什么都不懂，自己必须时刻管着。同样地，很多家长喜欢跟老人犟、争辩，非要得出一个对错，总认为老人需要懂得所有的道理。这是很多家庭产生冲突的原因之一。

家长总是认为如果不严加管教，孩子就会肆无忌惮。于是，当全家聚在一起吃饭时，家长会习惯性地询问孩子最近学习怎么样、有没有看书、有没有好好写作业、听不听老师的话。当出差回到家时，家长总是喜欢质问孩子，这个有没有完成？那个有没有做到？结果，孩子不仅没有按照家长的期待做事，反而厌烦和家长说话，遇到事情也不愿意和家长沟通。

还有的家长总是禁止孩子表达愿望。很多超市和公园门口都摆放着一种会播放音乐的摇椅，小孩子们看到了，总会央求家长让自己坐一坐。家长会阻止孩子，认为孩子坐上去就会没完没了。其实，小孩子并没有明确的时间概念，往往只有当家长不断提醒的时候，才会意识到自己不能继续玩了，因此才会想尽一切办法延长时间。如果家长给予孩子自

你要超级重视孩子身边的人、狗、猫、玩具等，让孩子从你对他所爱的尊重中感受到你对他的尊重。他才会学着你的样子去爱他自己、肯定他自己存在的价值。

由，孩子会感到安心，坐一段时间之后就会主动离开，这是因为孩子知道，只要自己想玩，家长就会同意，所以不必在意这次玩的时间。

家长需要知道，孩子的欲望并没有那么强。有一次过年回老家，十几个小孩朝我围上来，叫我带他们去超市买东西。当时我想，这么多孩子，得多准备点现金，于是准备了 2000 元钱，带着这些孩子去了超市。到了超市门口，我让孩子们自己进去选，我站在付账的地方内心忐忑不安，不知道钱有没有带够。结果孩子们只挑了几大包零食和一些手掌大的玩具汽车，结账的时候，一共不到 100 元。**小孩子的欲望并没有那么强，也没有贵和便宜的概念。但如果每一次家长都如临大敌，告诫孩子不要买这个、不要选那个，孩子的愿望没得到满足，就会更加想要**。这都是家长引导的结果。如果让孩子自己选择，其实并不会导致家长想象中的糟糕结果。

当孩子喜欢某个玩具时，家长要满足孩子，喜欢一个，送他十个。这时孩子只会感到惊喜，认为家长很爱自己。孩子并不会开口再要 1000 个，因为孩子已经确认，家长是相信自己、尊重自己的，他会有满足感。

家长必须信任孩子，尊重孩子的选择。毕竟孩子的有些愿望会随着年龄的增长逐渐消失。对于超市门口的音乐摇椅，不过两年，孩子就不会再感兴趣；喜欢让家长背着的孩子，再大一点，即便家长想背，孩子也会拒绝。错过了孩子渴望的那个时刻，家长就算之后给予更多，也无法弥补当时的遗憾了。

家长如果总是剥夺孩子的选择权，不满足孩子的愿望，那么随着孩子逐渐长大，孩子就可能出现性格上的问题，要么不会做选择，凡事随波逐流，就像随风倒的墙头草，做事犹豫，缺乏主见；要么不敢承担责任，遇事退缩逃避。

无论是几岁的孩子，都有自己的独立人格，是一个独立的个体，需要被尊重。即便家长掌控和决定孩子现在的衣食住行，也要明白孩子不是家长的附属品。在生活中，家长要有意识地表达对孩子的尊重。

有的家长以强势替代尊重。例如，做饭前，家长问孩子想吃什么，可是每当孩子提出一个想法，家长就提出一个反对意见，辣的对胃不好、甜的太腻，最终孩子只能随便选择一个，吃不完家长又会说："你看，让你自己选的，你又不吃完。"真正的尊重是认真对待孩子的选择，给予完全的信任与支持。即便孩子选了辣的、甜的，家长也要去准备。

　　家长还可以从在家庭中设置孩子专属的独立空间开始，让孩子意识到自己是一个有决定权的独立的人。有的家庭空间有限，不能给孩子一个单独的房间，家长也可以在公共区域开辟一个孩子的专属区域，例如客厅的一角、书柜的一个柜子、阳台的一个位置，等等。

孩子越有问题，说明你越失败

有些孩子出现的问题源于家长的错误引导。例如，很多孩子周末的时候爱睡懒觉，可能就是家长"培养"出来的。

起初，孩子在周末的早上醒得很早。可是早起之后，家长没有什么安排，他们也没有事情要做。孩子在家里随意地转悠、肆意地玩耍，这可能会干扰到在做事情的家长。家长看到后，觉得心烦，于是命令孩子去写作业，强迫孩子去做他们不喜欢做的事情。孩子渐渐发现，在周末的时候起得早不会让自己获得快乐，反而会引起家长的反感、批评和干涉。于是周末的时候他们不再早起，宁可赖在床上。赖床的后果就是家长催促他们起床，但是如果早起，家长就会催促他们写作业，还会对他们提出各种要求。所以，他们周末不再愿意早起。

孩子的某些问题可能是被家长挑出来的。大家可以看看下面的几道题目，请问大家看到了什么？

6+3=9

5−2=3

3+2=6

7+1=8

回答 A：看到了一道错题。

回答 B：一共有四道题目，三道正确，一道错误。

如果这就是孩子的试卷，那么家长又看到了什么呢？

家长 A：你看看，这么简单的题目你都做错了！怎么回事？！

家长 B：**孩子做对了三道题，我特别高兴。但有一道题做错了，我需要和孩子沟通一下，分析一下原因。**

两个家长的孩子会怎么样呢？家长 A 的孩子会被家长描述成马虎、粗心、做题不认真的问题学生，从而背负心理压力，害怕考试、害怕学习。而家长 B 的孩子以后再做错了题也不会怕，反而心胸开阔，愿意学习更多的知识。

生活中，许多家长总是喜欢盯着孩子犯错的地方，总是能够在孩子众多的优点中挑出毛病。听到孩子获得了第二名，对孩子说"下次必须取得第一名"；看到孩子得了98分，首先问"那2分扣在了哪里？"家长认为这是在激励孩子进步，然而这种方式效果并不好，只会打击孩子的自信心，让孩子原本因取得好成绩而快乐的心情消失。

其实，**家长越是挑错，孩子的问题就越多**。孩子出现的问题多，家长要反观自己在养育方法、思维模式、表达方式上是否存在问题。如果家长面对孩子在学习和生活中的各种问题时一味抱怨，就表明家长在孩子的学习和生活中没有做出正确的引导。

在多年的心理咨询工作过程中，我接触了各种各样"有问题"的孩子，他们大多是被父母送到我这里的。我发现这些孩子都是一群可怜的、压抑自己情绪的孩子，他们其实是在通过把自己变成"心理问题者"来唤醒家长。孩子不去上学、沉溺于手机、不愿意学习、题目不会做、课文不会背，这些并不完全是孩子自身的问题，家长也要负起部分责任。

曾经，我致力于纾解孩子的心理困扰，通过各种课程、夏令营、一对一辅导等方式帮助孩子重新获得对生活、学习、人际交往的兴趣，掌握新的适应环境的方法，可是我发现，孩子再见到家长的那一刻，依然保持固有思维模式的家长，只用一句话就可以把孩子打回原形，让心理咨询师的努力白费，原本孩子已经挺起的胸膛会瞬间低下去。孩子表现出来的异常行为，源头很可能在家长。

孩子厌学，其实是在厌家长。孩子不想说话，其实是不想和家长说话。这个真相是很多家长不愿意接受的。人们都

孩子厌恶的不是学习，而是在学习这件事上家长对自己的态度。很多时候，是家长的态度促使了孩子的厌学。

我们要认识到学习确实是一件不容易的事，我们只有如此给孩子传递这个信息，孩子才能感受到他的辛苦是被父母认可的。让孩子爱上学习是不现实的，我们只有将孩子的学习与他们的成就感结合起来的时候，孩子的主动性才会强一点。

父母会聊天，孩子更优秀

不愿意承认和面对自己的无能、失职、失败。然而，家长拒绝面对，承担后果的还是孩子。养育孩子是一件不容易的事情，家长需要专业的引导。只有发现问题、面对问题，家长才能够解决问题。

家长需要学会控制自己的情绪，安静地倾听孩子的真实想法，而不是执着于让孩子听自己的话。"头痛医头，脚痛医脚"并不能真正解决问题，只看到孩子表现出的异常行为，执着于纠正孩子的行为，而忽略异常行为背后的逻辑和原因，不仅不能帮助孩子健康成长，也会让家长陷入焦虑和苦恼之中。

孩子最需要肯定，你给的却都是打压

有一次，我和一位爸爸在聊天，他的孩子凑过来，兴奋地说："爸爸，这个学期我要竞选班长！"爸爸听了之后说："就你还想当班长？你要是当了班长，得把全班都带跑偏。"爸爸说完这句话，孩子原本兴奋的表情一下子就凝固了，仿佛是一只充满气的气球被扎了一个洞，瘪了下去。

我问孩子的爸爸，为什么要这么回答孩子呢？为什么不鼓励孩子呢？这个爸爸说："我不这么说，怕孩子不重视啊！"

很多家长都在做和这个爸爸一样的事情：认为不打压孩子，孩子就不会听；不对孩子说狠话，就无法激励孩子。然而事实上，听到这些话的孩子不会感到被激励，只会觉得伤心和难过，甚至会放弃原本想做的事。孩子需要的是肯定，家长给予的却是打压，总是用软软的话硬硬地刺伤孩子心中的梦想。

孩子说想学乐器，家长却说："就你这么没常性，给你报了班也会半途而废。"

孩子说想去月球，家长却说："就你这个学习成绩，就你这个体质，想也是白想。"

从这些话中，孩子听到的是家长否定他的喜好和梦想，认为自己不够好。**家长的真正目的从来不是贬低孩子，却总是做着贬低孩子的事情**。其实，家长只要信任孩子，把自己真正的期待直白地告诉孩子，就能达到家长想要的效果。

还有一个家庭，家中有一个男孩，孩子七年级的时候，看了一部军旅题材的电视剧，然后对家长说："我长大以后要当兵。"此后孩子选择的玩具、衣服、课外书等都是和军人有关的。家长发现孩子并不只是说说，而是真的在做相关的准备。可是全家人并不赞同孩子这个想法，于是爸爸妈妈、爷爷奶奶、姥姥姥爷轮番上阵，严肃认真地劝说孩子打消这个想法，但是孩子还是坚持自己的想法。结果，家里从此只要一谈到与当兵有关的话题，全家都会很不开心。而且渐渐地，孩子日常生活的积极性下降，学习成绩也下滑，亲子关系变得紧张，家长之间也经常吵架，爸爸妈妈相互指责，老人也相互埋怨。

其实，要解决这个问题，方法很简单，**只要家长对孩子说"这个想法不错，我们都支持你"**，然后主动给孩子提供各种与军人有关的信息，就不会引发后面的一系列问题了。家长总是觉得孩子的想法不成熟，思考问题不够全面，认同孩子就是对孩子的未来不负责任。可是，七年级时候的梦想真的会让这个孩子一直坚持到最后吗？有多少人的事业是在践行小时候的梦想呢？从孩子升入高中、进入大学，到最后选择职业，还有很多年，在这段时间里，孩子还会接收更多信息，还有可能做出新的选择。

而且，家长不知道的是，正是因为孩子认知不足，他们的想法变化性也很大。如果顺其自然，孩子自己就有可能做出新的选择。可是，如果家长强烈反对，孩子就会觉得不被信任，想要用各种方式向父母证明自己，反而促使孩子更加坚定此刻的信念。当有一天孩子想要改变主意的时候，会想到父母可能说："你看，我就说你做不到，我就说做这件事不行，你当初就是不听我的。"于是这个时候，孩子会选择坚持到底，绝不放弃。即便勉为其难听从了父母的建议，孩子也会一直对这件被家长干预的事情耿耿于怀，甚至为了与家长对抗，隐瞒家长，做出其他更不利的决定。

孩子真正想要的其实是父母的认同。孩子希望自己喜欢做的事情得到父母的支持，希望自己能够被父母认可。**他们希望听到父母说："你的想法很好，我支持你，我相信你一定能做到。"**孩子只有确定家长是认可自己的，才会认真听取家长的建议与分析。否则，孩子只会认为家长的行为都是为了改变自己的想法，是不客观的，甚至是不正确的。

肯定的力量要比打压的力量更强大。家长要通过各种方式肯定孩子。打压只会伤害孩子，破坏孩子对父母的信任和依赖。相信与认可可以将爱更好地表达出来。

家长跟孩子沟通时要注意音量、语气、语态、语调和情绪的传递。这些部分传达出的你对孩子的肯定、信任和认可，要比你说了什么更重要。

055

对孩子要无条件付出，不要邀功和绑架

我曾经组织过很多次学生夏令营和家长夏令营。在一次家长夏令营中，我安排了一个高空体验项目，要求家长顺着梯子爬到 10 米的高空，在高空中架设了两块木板，木板之间间隔 1 米，家长需要从一块木板跳到另一块木板上。如果这两块木板在地面上，要跳跃过去其实很容易。但是当这两块木板悬在 10 米的高空，很多家长犹豫不定。在体验过程中，助教不时地摇晃梯子，增加难度。刚开始没有一个家长敢尝试，就在家长们面面相觑时，有一位家长突然大喊了一声："为了孩子，我拼了！"然后这位家长用尽全力向前一跃，跳了过去。这句话似乎有着某种魔力，后边的家长也

鼓起勇气，大喊"为了孩子"，跟着跳了过去。

很多家长都喜欢把"为了孩子"作为自己做事情的动力。还有家长对我说："王老师，我准备考MBA（工商管理硕士），我以前学的英语差不多全忘了，现在联考难度很大，但为了孩子，我下定决心，再难也要考上。"

奋力一跃，完成挑战项目，展现的是自己的勇气，和孩子有什么关系呢？考上MBA，家长的学历更上一层楼，和孩子又有什么关联呢？完成挑战的兴奋感和成就感不会转移到孩子身上，学位证书上也不会有孩子的名字。一切都是家长的收获。**不要总打着"为孩子好"的旗号做自己的事**。说好听点，这是家长对孩子的爱，说难听点，只是家长在"绑架"孩子，满足自己的诉求。家长打着这个旗号，让自己顺利地站在道德的制高点，以便随时随地地要求孩子、斥责孩子、否定孩子。一旦孩子不顺从，家长就会用这句话绑架孩子；教育过程中遇到问题时，家长也会用这句话为自己辩解。

没有人会否认父母对孩子的爱，但如果父母总是用错误的方式表达自己对孩子的爱，就会让爱变成了"害"。许多父母认为自己对孩子的爱是无条件的，但是他们的语言行为常常让孩子觉得他们的爱是有条件的。例如父母抱怨孩子时说："我为了你放弃事业，全职在家照顾你，你却这么不体谅我，不听我的话！"父母在批评孩子时说："我这么辛苦是为了谁？还不都是为了你，我给你报了这么多课，给你花了这么多钱，你就是这么回报我的？"这样的话往往导致孩子认为父母对自己付出的一切都是有条件的，一旦自己达不到父母的要求，父母就不会再爱自己。于是父母对孩子的爱，变成了捆绑孩子的绳索，孩子开始厌烦父母、厌烦父母的爱。

父母要以正确的方式爱孩子，以孩子想要的方式爱孩子。一些父母对孩子的爱，只是为了弥补对孩子的亏欠。弥补的事情做了，父母会很舒服，如果不做，父母会很难受。可是，父母"自以为是"的爱，并不会被孩子接受。

爱是一种需要以对方感受为标准的主观体验。如果孩子没有感受到，这就不是真正的爱。既然父母愿意为孩子做任何事，那么就请倾听孩子的心声，了解他们真正想要的是什么。如果父母的爱不是孩子想要的，孩子感受到的就只有生硬、刻板、压力和痛苦。

无条件的爱是不求回报的，这样的父母只在乎孩子是否幸福快乐，不在意是否能从孩子这里得到什么，当父母试图告诉孩子要回报父母时，孩子收到的就是有条件的爱。无条件的爱是安全的，孩子能在父母面前坦露自我，愿意表达真实的情绪和感受；无条件的爱是宽容的，父母不会计较或衡量自己的付出与得到的回报是否匹配。

如果父母的言行总是在对孩子强调自己的付出和得到，那么孩子收到的就是有条件的爱。父母只要给予无条件的爱，不要邀功，也不要要求孩子回应。

孩子真正想要的爱是无条件的信任、肯定和倾听。在一个充满爱意的家庭中，当妈妈做饭忘记插上电源时，爸爸会说：**"太好啦！我今天正想吃面条呢，咱们出去吃面条吧！"** 当爸爸带着全家走错路时，妈妈会说：**"这条路的风景不错，多亏了爸爸走错路，不然我们也不会发现这么美的景色。"**

不要邀功，不要绑架，给孩子无条件的爱。

当孩子不会用嘴表达的时候，他就会用不良的情绪和错误的行为来表达。

孩子愿意跟你说话，比跟你说了啥更重要。

家是港湾，却被你折腾成了"宫斗剧"现场

家是温馨的港湾，需要智慧，不需要心机。需要家长用科学、正确的认知维护各种关系，而不是被孩子行为的表象迷惑。

如标题这种情况经常发生在多子女的家庭中。在一个家庭中，兄弟姐妹是手足关系，同时也是资源竞争者，他们竞争的是母爱资源。如果家长无法处理好孩子之间的关系，就会上演一出出"宫斗剧"。

在多子女的家庭中，不要搞竞争，不要做比较。有一次，我遇到一个母亲，她带着自己的两个儿子，寒暄时，我本想客套一下，就说这两个孩子长得真像呀！结果母亲回答

说："其实老二和爸爸更像，尤其是眼睛，一模一样。"我当时赶紧观察老大的表情，并且把手中的水果递给了老大，说伯伯把这个送给你。老大摇摇头拒绝了。这时候老二在旁边跟妈妈撒娇，说想要我手里的水果。我并没有回应老二，还是继续和老大对话。

我之所以这样做，就是因为这位母亲在言谈中对两个孩子进行了比较，忽视了老大的感受。如果不安抚老大，会对孩子造成严重的影响。

家长不知道，**为了获得家长的认可和关注，孩子之间会有各种竞争行为**。当家长夸奖其中一个孩子时，其他孩子可能也会模仿这个孩子的行为，在家长面前表现自己，也可能会故意讨好父母，在家长面前故作乖巧，还有可能用哭闹吸引家长的注意力，甚至还会故意说其他孩子的坏话。例如，家长下班回到家里，孩子会跑过来说，弟弟妹妹（哥哥姐姐）今天偷吃了糖果或偷看了电视。

如果家长不能识别孩子之间的竞争，反而认为这是孩子对自己的依赖，利用孩子的心意掌控他们，那么会造成糟糕的结果。孩子会成为家长的"小间谍"，认为打小报告是获得家长喜爱的方式，然而这样的行为不仅在兄弟姐妹之间是被厌恶的，而且在小伙伴中也是被排斥的，其他的孩子会恐惧他、远离他，既破坏了孩子的人际关系，也让孩子养成了以错误的方式获得关注的习惯。兄弟姐妹会更加不喜欢这个"小间谍"，加剧彼此之间的矛盾。

多子女的家庭中，经常发生的一种纠纷就是孩子们争夺同一个玩具。有些家长会对处理孩子之间的纠纷感到不耐烦，于是统一让大的孩子把玩具让给小的孩子，或者直接批评大的孩子。

这样做虽然简单粗暴，家长省心了，但是大的孩子一定会感到委屈，并且会怨恨弟弟妹妹。在家长不知道的地方，年长的哥哥姐姐会用各种方式"收拾"弟弟妹妹，比如拿走弟弟妹妹的东西，让弟弟妹妹犯错被批评，等等。于是，弟弟妹妹会更想黏着家长，因为他们发现，只有在家长身边才

> 我们的新生家庭是孩子的原生家庭，我们与其去疗愈原生家庭，不如去建设好孩子的原生家庭。

安全，他们会表现得更加乖巧。家长以为这是孩子依赖自己、信任自己的表现，殊不知这是孩子之间在"明争暗斗"。

多子女的家庭中，父母一定不要要求大的孩子让小的孩子，必须遵循长幼有序，并且在小的孩子面前帮助大的孩子树立威信。这件事要在孩子小的时候进行，这样哥哥姐姐不会感到被忽视，弟弟妹妹也不会以自我为中心。如果家长一直偏袒小的孩子，当孩子们长大了，再强调长幼有序，不仅小的孩子无法接受，大的孩子受到的伤害也无法得到弥补。

家长在家庭中，凡是有资源，要先满足大的孩子。**只有哥哥姐姐获得了足够的爱，他们才会有多余的爱分给弟弟妹妹**，孩子之间才会相处融洽。假设每个孩子的手里都拿着一个等待装满的杯子，家长有一瓶水，如果先倒给老大，那么家长可以平均分配这一瓶水，即使老大的杯子里没有装满，老大也不会计较。如果家长先倒给老二，那么即便家长是平均分配的，老大也会感到委屈，甚至要求自己得到的水必须比老二更多。

家长总是觉得，年长的孩子懂得更多的道理，明白谦让的美德，比年纪小的孩子更加自立，却忽略了在获取母爱资源时，每个孩子的渴望都是一样的。而且，因为本来由自己独享的关爱在弟弟妹妹出生时被分走，年长的孩子更加没有安全感。

　　家庭是爱的港湾，是孩子可以享受父母全部的爱的地方，不可将这里变成"宫斗剧"现场。

孩子对你不好，都是你教出来的

很多家长没有发现这样一个事实：**孩子对你不好，很可能是你教出来的**。

在孩子小的时候，拿到好吃的东西或收到好玩的玩具，孩子都曾经把东西让给过父母，让家长一起吃、一起玩。每当这个时候，家长的回答都是拒绝："我不吃""我不玩""你先吃""你自己玩"。家长认为这是谦让，是爱孩子，是伟大的。可是被拒绝几次之后，孩子形成一个印象和习惯，那就是爸爸妈妈不需要。

当孩子慢慢长大了，他们不会再把好吃的、好玩的分享给父母，他们已经知道结果是什么，也就不会再尝试。可是，当孩子长大了，家长会因为孩子拿到好吃的不分享给自己而失落，甚至会埋怨孩子："你怎么这么自私，一点都不想着爸爸妈妈。"听到这些话的孩子内心一定是崩溃的，他们会感到困惑和委屈：明明是你们自己拒绝了呀！

孩子对待家长的方式，是家长教出来的。如果家长在孩子需要具备某种能力时，没有提供帮助，那么孩子不具备这种能力，家长也没有指责孩子的立场。

这种情况在生活中还有很多。有的家长发现，随着孩子年龄越来越大，孩子对自己越来越不好，说话越来越不耐烦，对自己发脾气，不体谅自己的辛苦，甚至对自己说出"滚"这样的话。孩子不尊重家长，是因为家长没有培养出孩子的敬畏心，在养育的过程中还没有设定出底线。

家长可能会困惑，一直以来自己都在全身心地照顾孩子，为孩子牺牲自己，为孩子解决一切问题。孩子衣来伸手、饭来张口，家长就像仆人侍奉君王一样地顺从孩子。然而这样的照顾在孩子的眼中都是理所应当的，不论自己做什么，家长都只会无可奈何地让步，孩子因此学会了得寸进尺。

所以，家长需要反思自己现在和孩子之间的关系以及相处模式。孩子的糟糕态度以及种种让家长痛苦、不开心的行为，都是孩子在回应曾经缺失的正确指引。不要再抱怨孩子对家长不好，这都是错误教育的结果。

关注一个什么样的孩子出了问题，比关注这个孩子出了什么样的问题更重要。

家长要做的是调整对待孩子的方式，强化自己作为父母的角色，重新培养孩子的敬畏心。

曾经有一个家长分享了自己和女儿的生活片段，女儿对妈妈态度糟糕，总是颐指气使、责备，甚至对妈妈动手。于是，我和这位妈妈重新模拟了她们之间的对话，帮助家长强化母亲角色。

家长（扮演女儿）："你怎么没把我的裤子翻过来？袜子也没有准备好！我不穿这个。"

我（扮演母亲）："女儿，你的衣服没有准备好，你不高兴，可以和妈妈好好说，可是你这种态度，我不接受。我生你养你，你这么大了，还对我不尊重，妈妈感到很伤心。"

家长（扮演女儿）："我就要让你伤心。"

我（扮演母亲）："我是你的妈妈，让我伤心，对你有什么好处呢？我把你养大，你的目的却是让我伤心，你觉得合适吗？"

家长（扮演女儿）："合适，就要让你伤心。"

我（扮演母亲）："我伤心，是因为我觉得自己是个失败的妈妈，培养了一个敢吼我的女儿。但是你现在对我生气，其实你也不舒服。咱们母女俩，为什么非要弄得彼此都不舒服呢？"

如果孩子动手，我（扮演母亲）："我是你的妈妈，从小你的一切都是我打理的，你要打我，就打吧，因为我是一个失败的妈妈，我没有养好我的闺女，我很自责，我不配做母亲。"

这个过程就是一个不断强化母亲角色的过程。不过，需要注意的是，这并不等于对孩子进行道德绑架，这种强化是为了让孩子重拾对家长的敬畏之心，而不是为了强化孩子的歉疚感。

此外，家长需要在孩子做出攻击性或不礼貌的行为时，及时亮明底线，严肃地告诉孩子：**"我是你的妈妈 / 爸爸 / 爷爷 / 奶奶，你得好好说话，以后不允许你这样不尊重我！"**

当孩子要求一个家长做事时，另一个家长要进行维护：**"这是我老婆 / 老公，你的事情要自己做，你怕辛苦，我也担心累到我老婆 / 老公。"** 家长要以家长的角色平衡家庭关系。

指导孩子的三个重点：

1. 言之有物，不要泛泛的指导；

2. 用可操作化的语言给到孩子具体的指导（针对性指导）；

3. 明确孩子前进的方向，让他看到更美好的自己，对自己有希望。

养出懂事的孩子，不一定是成功的

有一次朋友聚餐，大家都带着自己家的孩子，现场有个七八岁的小男孩。上菜之前，桌子上有一些糖果，小男孩很想吃，于是拿了一颗，就在他打开糖纸，准备将糖果放进嘴里的时候，被他的爸爸看到了，他的爸爸说："可不能吃糖呀！吃糖对牙齿不好，咱们不吃了，好不好？"小男孩听了，顺从地点点头，答应了一声，把糖果放了回去。周围注意到这件事的大人都纷纷称赞，夸奖孩子懂事，感慨家长教育有方。

然而，**养出懂事的"乖孩子"，不一定就是成功**。因为在孩子懂事的背后，隐藏着家长没有发现的真相。

真相一，懂事的孩子可能是惧怕权威、讨好权威的孩子。

在孩子的世界里，家长、老师和其他长辈都是"权威"的代表。人们常常称赞孩子懂事，其实，有些孩子并不是真的尊敬、认同"权威"的话语，只是不敢违抗而已。

真相二，懂事的孩子可能一直在忍让，在压抑自己的欲望，不敢面对真实的自己，甚至认为自己不值得。

看到自己想要的却不敢说，面对自己不想做的事情却不敢开口拒绝。因为孩子无法承受拒绝带来的后果，也不敢面对其他人的评价和指责。而这种勇气的获得需要家长有意识地引导。家长不要被孩子"懂事"的行为蒙蔽，忽略其中的原因。

真相三，懂事的孩子往往认为只有讨好父母才能得到父母的爱。

有的家长经常对孩子说："我为你做了这么多，你必须听话、懂事，才对得起我的付出……"于是孩子渐渐觉得家长对自己的爱是有条件的，如果自己不听话，家长可能就不会继续爱自己了。

在一些多子女家庭中，家长特别偏爱某一个孩子，会导致其他孩子产生错误的自我认知。例如，当自己被家长批评时，明明不是自己的错，也会认为是自己的错，甚至忽略自己的感受，主动向父母道歉。在生活中，这些孩子如果被家长忽视，会从自己身上寻找原因，认为自己做得不够好，会刻意地让自己变成懂事、谦让的人。孩子习惯性的低姿态只会让孩子在之后的人生中一直唯唯诺诺、战战兢兢。

因此，养育出懂事的孩子，不一定是成功，往往还暴露出家长的不成熟。很多家长在自己的职业领域里挫折重重，无法处理与领导和同事的关系，倍感无奈；也无法解决自己原生家庭的问题；回到家里，与伴侣矛盾重重，而孩子就成了自己的情绪出口。心情不好、压力大时，尤其会训斥孩子："就是因为你成绩差，你要是成绩好，我这样累死累活也值得了。"家长把自己所有的负能量都砸到了孩子身上。一个心智不成熟、社会经验匮乏、知识水平有限的孩子要承接成年人的负能量。

如果这个孩子是一个善良、孝顺的孩子，他会开始想尽办法平衡自我，并讨好家长。他逐渐变得懂事、学会压抑自己的委屈，用尽一切办法获得家长的肯定。孩子委屈了自己，但是家长只得到孩子的"懂事"。

如果这个孩子是一个"不懂事的"孩子，他就会不停地抗争，争取自己的权益，会和家长对抗、争吵："我不听，我就不做，我就不要这样。"虽然家长觉得孩子不懂事，但是孩子不会压抑、委屈自己。

家长一定要珍惜敢在家里发脾气的孩子。敢于在家里和父母发脾气，大声说出自己想法的孩子，是有安全感的孩子。人只有在让自己感到安全的环境中才会真实地表现自己；在让自己拘束的、紧张的环境里则会压抑和伪装自己。当一个孩子什么也不说或者家长说什么他都顺从时，他要么是绝望的，要么是恐惧的。

家是一个可以卸掉盔甲、放声哭泣的地方。在家之外的地方，人们不但不能随意哭泣、表达委屈，很多时候还要强颜欢笑。一个孩子如果在家里也要强颜欢笑，那么这个孩子很难健康成长。

一个成熟的人，是看着问题发生也会耐心等待的人；一个成熟的父母，是看着孩子出现问题，依然会耐心等待的父母。

批评孩子不是为了孩子好，不批评孩子不是表扬孩子

批评孩子是为了孩子好，不批评孩子就是表扬孩子，是一个错误的教育理念。

批评与表扬，是家长在教育孩子的过程中使用的两种方法。批评会让孩子感到痛苦，表扬会让孩子感到开心。但是之后孩子是吸取经验教训、再接再厉，还是就此放弃、自暴自弃；是保持动力、再进一步，还是骄傲放纵、止步不前，没有人能够精准预测。

这种错误的理念会让家长误认为，批评会带来压力，压力会促使孩子前进，殊不知，家长不恰当的批评、频繁的批评反而会打击孩子的信心和动力。家长认为自己不批评孩

子，就是在表扬孩子，以为孩子能够理解家长的心意，其实，孩子只会觉得家长没有表扬意味着自己不够好。

在养育孩子的过程中，批评与表扬都很重要。要充分发挥这两种方式的作用，需要遵循一个原则：**精准赞美，精准批评**。

有一次，一个活动主办方安排了司机来接我，主办地有一个景点，于是我带着我的两个孩子一起上了车，想着到了地方让他们去玩，而我去参加活动。车走到半路时，我的儿子突然说："司机叔叔家里一定有一个像我家妹妹这么大的小女孩。"司机听到很讶异，笑着问我的儿子为什么。他坐在后座，指着面前前座椅背上的一圈贴纸说："这里贴了很多小女孩喜欢的可爱贴纸，而且位置都是小女孩能够到的位置，所以叔叔家有一个像妹妹这么大的小女孩。"

司机当时哈哈大笑，夸赞儿子："你真是个聪明的孩子，我确实有一个小女儿。"

当时我对司机说："你这句夸奖得收回去，这并不是'聪明'，确切地说，是'观察力很强'，如果你要夸奖，要说他观察力好强！"

可能一些家长会觉得，"聪明"和"观察力很强"明明都是夸奖，都是对孩子的肯定，为什么要区分？

这是因为，"聪明"是笼统的，而"观察力强"是具体的、精准的。对于笼统的概念，每个人的理解是不同的，如果孩子认为自己是聪明的，就会放弃努力，认为自己能做到某件事是理所当然的；而具体的、精准的夸奖，会让孩子知道自己被称赞的具体原因，这会鼓励孩子做出更多类似的事情。

在表扬时，要先描述与孩子有关的具体事实和行为，针对孩子做的事情表达出家长的感受。例如，孩子考试取得了进步，家长要描述孩子这段时间努力学习的行为，肯定孩子付出的时间和精力，夸奖孩子的坚持和努力；孩子主动做了家务，家长要认可孩子的打扫成果，夸奖孩子主动给自己帮忙，自己心里非常高兴，夸孩子帮自己分担了繁重的家务，很贴心。

家长要记得少在小事上挑剔孩子、消耗孩子，但要从小事上赞美孩子。家长要学会面对孩子的行为时，要学会从鸡蛋里挑骨头一样地赞美孩子。

在批评时，也要做到精准。批评时可以否定孩子的行为，但是不能否定孩子的为人。行为是可以改变的，但是一旦给孩子贴上"懒惰""不体谅人""不负责任"等标签，孩子就会失去成长和改变的动力。

批评策略：把你批评孩子不应该做什么的时间，用在指导孩子应该做什么上。

如果孩子有不好的学习表现，切记不要因为学习批评孩子，因为批评会让孩子和学习之间建立消极的情感联结。正确的做法是重塑孩子与学习的情感，想尽一切办法去制造并肯定孩子与学习相关的美好体验。

批评带给人的感受是糟糕的，无论批评来自关爱我们的父母、老师，还是亲密的朋友，抑或网络上的陌生人，批评本身就是一种攻击。当一个孩子受到自己信任、喜爱的家长的攻击，会倍感痛苦。因此，家长在批评孩子时，一定要精准，具体到孩子的某一个动作、某一个行为或某一个用词。

在孩子口不择言时，家长可以对孩子说："爸爸妈妈知道你一直是一个有礼貌的人，但是刚才你的表达方式是很不尊重人的，是不对的。爸爸妈妈希望你以后能够注意自己的表达，不论多么激动、多么着急，都要使用恰当的表达方式。"

在孩子不认真完成作业时，家长可以对孩子说："爸爸妈妈相信你是可以很准确地完成作业的，但是你这一次出现了很多错误，和我们说说是为什么？"

当孩子发现家长对自己是信任的、认可的，那么对于家长的批评也会更加愿意接纳。他们知道，自己就算做错了事，只要改正错误，爸爸妈妈就会包容自己。

很多家长觉得，批评时如果自己不严厉，孩子就不会改正，也不会吸取教训。其实，这是家长在掩盖自己在教育中的无力感。因为家长没有更合适的方法，只能采取自己想当然的措施。而这些措施往往会传递给孩子更加糟糕的信息。孩子不仅不会改正，而且还会走向极端。很多时候，当家长批评孩子时，孩子的反驳或激动的情绪并不是指向犯错的行为，而是指向家长在批评孩子时流露出的对自己的不认可和不理解。

不是每天陪伴孩子的家长才是负责任的家长

能陪伴孩子的家长才是负责的家长，这也是一个错误的结论。

评价一个家长是否负责任，考量的方面有很多，只根据其中一个条件给出结论，过于草率。那些早出晚归、努力工作，每天为家庭奔波的家长，虽然放弃了陪伴家人的时间，但他们也是有责任心的；那些特殊职业从业者，如边防战士、医生、警察、科研人员，虽然牺牲了陪伴孩子的时间，但他们也是有担当的，所以这句话并不准确。

此外，每天花很多时间陪伴孩子对于生活在现代社会中的家长而言，几乎是不可能的。每个人都需要工作，每个家庭都需要经济来源，家长除了养育孩子，还有很多社会责任要承担。因此，这句话不仅错误，而且给很多家长增添了焦虑和愧疚，在这种错误观念的引导下，有的家长为了弥补缺失的陪伴，对孩子无底线地溺爱，非但没有促进孩子的成长，反而导致了很多教育问题的出现。

陪伴孩子的确是一件很重要的事情。有的家长陪伴孩子的方式是看着孩子，随时关注孩子的一举一动，在孩子跑步时赶紧冲上去，说："慢一点，小心点。"孩子去草地上玩，拿起一些脏东西时，赶紧冲上前，说："都是细菌、多危险呀！赶紧放下。"这种陪伴虽然很好地保护了孩子，避免了危险，但也禁锢了孩子。这种陪伴模式的家长虽然操心，却不一定能收到期待的结果。

有的家长在陪伴孩子时，完全不关注孩子。虽然和孩子在同一个空间，甚至就坐在同一张沙发上，孩子玩孩子的，家长做家长的事。虽然相互尊重，但是与家长在上班、孩子在上学时无异，只是空间上有了交集，完全没有交流和互动。虽然两个人近在咫尺，但是家长不知道孩子在干什么，孩子也不知道家长在干什么。这种陪伴模式往往占据了很多时间，也浪费了时间。

高效陪伴是家长和孩子在一起做事，可能是一起玩游戏、做手工、读书、户外烧烤，也可能只是家长忙着做事，孩子在一边和家长聊着天，还一边时不时地递过来一个工具；还可能是家长和孩子一起追剧、看比赛，一边看一边交流讨论。**高效陪伴的标准是亲子之间能够进行思想和情感的相互碰撞**。当孩子与家长一起做事时，孩子的情绪是稳定的，他们还会从中学习家长处理问题的方法、对待事情的态度。有时候，家长不愿意与孩子一起做事，觉得孩子什么都不会，甚至在帮倒忙。可是，家长和孩子一起做事，目的并不是让孩子帮忙，而是与孩子共享亲子时光。

　　陪伴不在于时间的长短，而在于亲子之间的交流的多少。

　　有的家长白天需要工作，只有晚饭后才有空，那么家长可以利用孩子睡前的时间，给孩子读一读故事书，和孩子分享白天的趣事。

　　　和孩子在一起时提高单位时间的陪伴效率，和孩子不在一起时建立心灵契约。

负责任的家长需要提高与孩子在一起时的相处质量。如果没有条件陪伴孩子，那么可以尝试用其他方式和孩子保持互动。

动画片《大头儿子小头爸爸》中有这样一段故事：小头爸爸因为工作需要，有一段时间连续加班，过着昼夜颠倒的生活。每次爸爸下班回来，儿子已经睡着了，爸爸只能亲亲儿子的脸，然后去休息；早上儿子起来上学，爸爸还在睡觉，为了不打扰爸爸休息，儿子只好直接去上学。每天无法见面、无法聊天，父子俩都很难过。后来两个人想到一个办法，儿子把自己想说的话写在纸上，留给爸爸，爸爸回来后把回信放在儿子床边。就这样，两个人通过写信，弥补了这段不能互相陪伴的时间。

虽然陪伴在养育过程中具有十分重要的作用，但是家长不必每天24小时陪伴孩子，而要充分利用可以陪伴孩子的时间，增加与孩子之间的交流和互动。

孩子需要父母的陪伴，并不仅仅是需要父母在自己的视线范围里，而是需要能够带给自己安全感和幸福感的人，随时给予自己回应。当陪伴缺失时，孩子无法获取爱和关注，就会出现各种问题。

孩子不爱学习，并非因为缺少兴趣和动力

家长必须杜绝自己说出这样的话：**孩子不爱学习，是因为缺少兴趣和动力**。这句话有百害而无一利。

如果我们把自己代入其中，就会发现这句话隐含的负面力量。作为成年人，工作、赚钱养家是我们的社会责任，每个成年人都有自己的规划，如果有一天，我们离职了或有了新的职业规划，但是我们的父母并不理解我们做出的决定，于是他们和邻居、亲戚诉苦："哎呀！我的孩子三十多岁了，就是不爱工作赚钱，缺少对工作的兴趣和动力，这万一有一天我们生病住院了，家里有重大开支可怎么办？大家帮帮忙想办法劝劝吧！"

这个时候，我们是一种什么感受呢？不被理解，一口气憋闷着，原本对自己的职业规划充满信心和期待，现在一下子泄气了，想要做好自己的事业，又会担忧遭遇挫折时被父母指责，后悔把自己的决定和想法告诉父母。

这就是家长每次这样说孩子时，孩子的感受。我们作为家长说过的那些话，几乎就是自己不爱听的父母的话的翻版，例如："你都这么大了，还是不爱学习，你就是缺少对学习的兴趣和动力。你现在学不好，以后上初中怎么办，上高中怎么办？"

在教育过程中，家长对孩子使用的表述很重要，这些话是对孩子的定义。 孩子是根据父母对自己的定义来构建自我的。如果家长总是随意地否定孩子，这并不会激励孩子，只会伤害孩子，而 **"孩子不爱学习，是缺少兴趣和动力"这句话对孩子的伤害最大，因为这句话完全否定了一个孩子在学习中努力改善的可能。**

一方面，这句话完全否定了孩子对学习的兴趣和动力。孩子会朝着这个标签匹配自己的行为。爸爸妈妈说我不喜欢学习，那么我就不再喜欢学习，要去做与学习无关的事情。爸爸妈妈说我懒散，东西总是乱丢，那我就不再收拾自己的房间，维持房间的脏乱。

有的家长会反驳说，可是对孩子说了肯定的、积极的话，孩子也并没有朝着这些积极的方向匹配自己的行为。那么，各位家长，你真的在生活中对孩子说过"你是一个爱学习的人""你对学习是很有兴趣的""你是能够处理好自己的生活的"之类的话吗？你说过几次？比起那些否定的话，哪种话说得更多呢？

另一方面，这样的话等同于笼统的批评，会扰乱孩子对行为的归因。如果孩子接受了这句话，他们就会认为自己本身有问题。当学习成绩下滑或者努力一段时间后成绩没有起色时，孩子会认为，自己还是没有培养起对学习的兴趣，学习动力还是不够，可是自己已经不知道该怎么去做了，之后只有放弃，并且得出自己就是无法爱上学习、无法获得学习动力的结论。

> 孩子的内在自我认知源自父母的定义。

如果家长把表述变成**"我的孩子其实是爱学习的，他特别想把学习成绩提上去，有很强的改变的动力，但就是没有掌握方法，没有找到适合自己的方法"**，那么当孩子的成绩无法提高时，他们不会否定自己，而是积极寻找新的方法。毕竟，学习方法是可以改变和完善的，但是一个人的自我认同很难重新建立。

孩子的学习问题虽然很让家长头疼，但是家长一定要保持积极的心态，相信孩子。学习是孩子生活中最重要的一件事，每个孩子都希望自己成绩优异，没有任何一个孩子是心甘情愿地成为最后一名的。所以，家长要想孩子在学习中保持努力的状态，一定要调整自己的表述方式，也要调整自己的认知和观念。时刻谨记，自己的每一句话都是贴在孩子身上的标签，都是对孩子成长的指引。孩子如果没有感受到家长的话语背后的关爱，就会根据家长的话语来评价、定义自己。

如果家长想要在教育中给孩子带来积极的引导，需要时刻注意自己说出口的每一句话。要改变孩子，首先要改变自己。

第三章

你真的懂孩子吗

如果父母不懂孩子，就无法走进孩子的内心，用科学的方式养育孩子。想要在行为上做出改变的父母首先要储备足够多的养育心理学知识。在这一章中，我会针对不同年龄阶段的孩子，对父母的正确教养方式做系统阐述。

0~3岁孩子身心教养法则

每个孩子在不同的年龄阶段有不同的特点。家长的养育重点需要根据不同的阶段和特点进行调整。

首先，鼓励孩子发展动作思维。

孩子刚出生时，大脑的重量是 380 克到 420 克,3 岁时，大脑的重量会达到 1000 克左右。也就是说，0~3 岁，孩子的大脑重量从 400 克左右增加到 1000 克左右，大脑快速地生长，孩子通过各种方式获得对世界的认知。受到身体发育的影响，这时候的孩子都是通过动作思维来探索世界的。他们触摸随处可见的物品，对所有的东西都感到好奇，看见什么都想去抓一下、碰一下。

这个阶段，往往也是家长最紧张的时候，因为孩子的无差别触摸是无法控制的，孩子可能会抓疼家长，可能因为拿不稳手上的东西而伤到自己，也可能把周围弄得乱七八糟。于是家长总是会阻止孩子，不许孩子乱拿、乱动，不许孩子去感受。这些阻止的行为会阻碍孩子的思维发展。

家长需要遵循的教养法则就是把握住教育时机，鼓励孩子发展动作思维。例如，当孩子朝着一个装满热水的杯子伸出手时，家长不必慌张地阻止，而是要引导孩子认识杯子，学习怎样拿起一个装满热水的杯子、怎样握住杯子的把手。

0~3岁的孩子还无法控制自己的行为，家长一味地阻止孩子探索周围环境会影响孩子的发展。

其次，保证完整的陪伴。

0~3岁是培养孩子自信心和安全感的关键期。在这个阶段，妈妈的作用尤为重要。

这个阶段的孩子需要养育者的照顾，而妈妈对孩子的关爱、及时回应、怀抱、喂养等行为不仅能够满足孩子的生理需求，还会让孩子感到快乐和满足。母亲的怀抱不仅能让孩子感到温暖，还可以阻隔危险，而这就是一个人对安全感的最初体验。

心理学中将0~3岁的孩子与母亲的特殊情感联结称为

依恋。安全型依恋的孩子在妈妈离开时会感到苦恼，妈妈回来时会表现出明显的快乐，他能够真实地表达自己的情感；而不安全型依恋的孩子在妈妈离开时会表现出强烈的忧伤或一副完全不在乎的样子，当妈妈再次出现时，他会抗拒地将妈妈推开或完全忽视妈妈。

安全型依恋关系会让孩子带着这份安全感积极而愉快地去探索未知的世界。孩子有一种信念，他相信不论自己遇到什么样的危险，母亲都是自己的保护者。

7~9个月的孩子，开始形成依恋模式，母亲的哺育、拥抱、及时的安慰和持久稳定的关爱能让孩子进入安全型依恋关系。因此，在孩子0~3岁的阶段，无论妈妈遇到什么样的生活困境，都必须保证给孩子充分的陪伴，但这并不意味着其他家庭成员不重要。事实上，随着孩子的成长，孩子的依恋对象会逐渐增多，他们会从爸爸、爷爷、奶奶、姥爷、姥姥、哥哥、姐姐等亲人身上获取安全感，只是妈妈的照料往往是最早出现且最重要的。

最后，创建稳定的、支持性的家庭氛围。

每个家庭成员与孩子的亲近和情绪互动，都会在这个阶段对孩子的成长产生重要影响。

0~3岁的孩子常常做出让家长崩溃的行为，例如，玩马桶里的水、把米饭撒得到处都是。家长需要谨记这个阶段的孩子的思维发展特点，不要以成年人的逻辑思维看待这些行为。

孩子不是在捣乱，也不是在浪费。尽管这些米粒没有被孩子吃到嘴里，但是每颗米粒都发挥了其价值，它们为孩子掌握独立自主吃饭的能力做出了贡献。如果没有这样的尝试，孩子不会学会独立吃饭。

家长要用科学的眼光看待孩子的行为。如果家长能够营造稳定的、支持性的家庭氛围，孩子会更加积极地与他人互动，对世界充满信任，对自己充满信心。如果家长对孩子的态度是时而鼓励、时而阻止、时而积极、时而冷漠，孩子就会产生一种不信任感，他们在与他人互动时也会畏缩、回避，这甚至会影响孩子在之后的人生阶段中的成长。

当家长的大脑里有一套科学的养育方法的时候，孩子的每一次犯错都是促使孩子成长的机会。当家长大脑里没有这套方法的时候，孩子的每一次犯错都是收拾他的机会。

父母会聊天，孩子更优秀

3~6岁孩子身心教养公式

首先，遵循科学养育理念。

3~6 岁的孩子好动、精力充沛，无法理解和听从道理，很让家长头疼。因此，家长首先要调整自己的认知视角，用科学的眼光看待这个阶段的孩子的行为。儿童发展心理学结合 3~6 岁孩子的身心发展特点，提出了以下 7 个科学的教育理念。

1. 开展丰富多彩的游戏活动，训练幼儿的各种技能

游戏是孩子探索世界、促进身心成长的重要方式。在这个阶段，家长要带着孩子开展、体验丰富多彩的游戏活动，要丰富孩子参与的游戏类型，而非单纯地增加玩具的数量。

2. 创造温馨和谐的家庭环境

家庭氛围要比物理环境更加重要，不管居住在城市还是乡村、住的是楼房还是平房，只要家庭温馨、和睦、民主，就有利于儿童发展出积极的品格、获得正向的情绪体验。

3. 开展口头语言的进一步训练和书面语言的培养

3~6 岁阶段是儿童语言能力发展的关键期，儿童此时使用的词汇、发音、句子结构等常常出现错误，家长要耐心引导、纠正，积极鼓励儿童表达，同时可以通过阅读培养书面语言的语感。

4. 注意数字概念的培养

学习数字是提高逻辑推理能力的基础，也是儿童理解抽象概念的开端，家长需要引导儿童接触数字的基本概念。

5. 注意幼儿的社会化训练

所谓社会化训练就是鼓励儿童与他人交往、合作，多与小朋友和成年人接触。通常，这一点可以在游戏中实现。因此，家长带着儿童进行室外游戏时，一定要鼓励和引导孩子和其他小朋友交流。

6. 正确对待孩子的过失

人都会犯错，何况是还不熟悉这个世界，刚刚尝试适应这个世界的孩子。因此，家长不要对孩子的过失感到烦恼，这时的孩子正在茁壮地成长。

7. 培养良好的习惯

让孩子自己做一些和自己有关的力所能及的事情，例如，自己洗脸、自己刷牙、独自上厕所、自己穿衣服，等等，还可以让孩子学着自己回答其他小朋友或成人提出的问题。

其次，学习正确方法。

3~6 岁的孩子常常出现一种令家长手足无措的表达方式——大哭。很多家长的应对方式就是用超过孩子哭闹的音量，吼着："不要哭！不能哭！不准哭！"不过，即便是成年人，哭泣时听到这三句话尚且不会停止，何况是小孩子。

我们不能做任性的家长，要做科学养育的家长。当孩子哭泣时，家长一定要告诉自己，这是孩子很正常的情绪现象，不需要紧张，只需要陪在孩子的身边，但是不要干涉他、阻止他，只要关注着孩子的状态，不要让他出现危险，并且让孩子知道父母此时在关注着他。父母可以随便做点什么，但是要保持对孩子状态的关注。不过，孩子哭了一会儿后，一定要安抚他，用手拍拍孩子的背，或者从孩子的左侧抱住他。安抚是对孩子情绪的回应，并不是在阻止孩子的表达。家长还要对孩子说："孩子，哭是一种情绪的表达，你是可以哭的，但是哭并不能解决问题，爸爸妈妈会等着你，等你不哭的时候，我们谈谈怎么解决问题。"

最后，营造适宜的家庭氛围。

3~6岁的儿童正在通过各种方式探索世界、认识世界，在探索的过程中，儿童会做出各种夸张的、令家长火冒三丈或哭笑不得的行为，例如，他们会好奇米粒和谷物的触感，在超市里用手指把散装大米戳出无数个手指洞；有时候他们笑意盈盈地握着双手，让家长摊开手心，说自己有好玩的礼物，结果他们松开手，放在家长手心的是他们在草地里翻找出来的各种颜色的小虫子。

虽然孩子这个时候可能给家长惹了麻烦，甚至让家长感到难堪，但是家长要先把自己的情绪放一放，从孩子的角度来看待这些行为。他们并不是故意不守规矩，也不是故意调皮捣蛋，他们还没有建立起对规则的认知，他们只是在观察和感受这个世界，想到什么就去做了，家长要给予他们探索的空间，营造适宜的家庭氛围。如同鱼缸理论所传达的，为小鱼提供一个适宜的鱼缸，小鱼才会长成大鱼。

良好的家庭氛围需要父母双方保持一致的教养理念，依据 3~6 岁孩子的身心发展特点，不仅要看到孩子行为本身，更要觉察到孩子行为背后的意义。

当孩子的行为让你产生情绪时，要学会隔离你的情绪，把情绪放一放；练习着去从孩子的视角分析行为，让孩子感觉你是一个很稳定的存在，而不是一个易燃易爆的炸弹。

6~12岁孩子身心教养的关键

首先，学会学习，比学习成绩高更重要。

6~12 岁是孩子的小学阶段，孩子开始系统化地学习知识，学习成为孩子这个阶段的生活重心。

很多家长都意识到学习对孩子的重要性，但是搞错了重点，只追求提高孩子的学习成绩，要求孩子必须考到班级的前几名。其实成绩并不能代表孩子的学习能力，也不是衡量孩子学习情况的唯一指标。

家长需要帮助孩子学会思考，合理安排时间，以及为了达到学习目标正确运用学习方法和学习技巧，例如记忆的策略、集中注意力的方法等，6~12 岁的孩子的目标是学会学习。

学习成绩是结果，人们不能掌控所有事情的结果，成绩也会受很多因素的影响，例如，孩子前一天的休息情况、考试题目的难易程度、考场是否出现突发情况、孩子的紧张程度，等等。即使孩子牢记每一个考点，也不能完全确保考试成绩永远维持在一个区间。家长过于看重学业成绩，而忽略学习过程，只会增加孩子的学业压力，甚至破坏孩子的学习能力。

其次，把握一、二年级的关键期。

在小学六年的学习中，家长尤其需要关注一、二年级。**一、二年级是培养学习习惯的最佳时期**，因为在这个时期，孩子刚刚进入学校，对于老师的教育方式、同学之间的相处及学习方法，还很不适应，需要依赖家长的帮助。这时候的孩子就像一张白纸，家长此时引导效果最好。

换言之，孩子在一、二年级养成的学习习惯，例如写作业的流程、阅读和做笔记的方法等，会一直延续下去。当孩子升入三、四、五、六年级时，家长就可以放手让孩子自己安排学习任务了。但如果把这些学习习惯的培养放在五年级以后，这时孩子已经不再依赖家长，也不再像一、二年级的时候那样信任家长，就很难培养好的学习习惯。如果把学习习惯的纠正放在初高中，孩子就会干脆关上心门，根本不让家长进来，不允许家长干涉。

此外，如果不能把握住这个关键期，孩子可能会对学习感到排斥，想把一个厌学的孩子抓回来重新恢复对学习的兴趣，是有难度的。而且，等孩子已经养成了坏习惯，例如从一开始上学，孩子都是放学回家先玩几个小时，晚上九点才开始写作业，如果突然要他改成回到家就立即写作业，这是难度很大的事情。

因此，**应在一、二年级培养孩子的学习习惯；三、四年级培养孩子的阅读能力和理解能力，包括如何精读、仿写等；五、六年级则要做好小升初的规划。**

最后，正确认识喜欢玩游戏的孩子。

玩游戏是孩子学习的方式之一，但是现在很多孩子沉迷于电子游戏，有时候游戏还占据了大量的学习时间，家长对此十分头疼。此时，家长需要对喜欢玩电子游戏的孩子有一个正确的认知，才能够帮助孩子在学习和游戏之间达成平衡。

电子游戏的规则很清晰，如果不遵守，结果只有一个，那就是游戏失败。因此，玩家要想持续通关，就必须遵守规则。不过很多家长并不认可这一点，因为他们发现，孩子从来不遵守自己设定的规则，明明说好几点吃饭、几点学习、玩多久游戏，可是孩子根本不遵守。

然而，这只是家长的视角。如果家长总是说话不算话，凭心情要求孩子，凡事情绪化，那么孩子不遵守家长的规则，并不是不愿意，而是无法遵守，因为家长的规则是不确定的。孩子愿意遵守的是确定的规则。

电子游戏的反馈是清晰的，不会消耗孩子。当孩子在游戏中获得了胜利，画面弹出的是胜利场景，而输了就是显示失败的画面，游戏中不会有多余的表达。而现实中的家长总是在消耗孩子，例如，孩子在做事情的时候，家长总是在旁边提醒和催促，无论孩子做得好还是不好，都会唠叨孩子。

想象一下，如果把孩子正在玩的电子游戏背景音乐换成家长日常的话，当孩子准备开始玩时，家长的声音就出现："孩子，要看这里，这个位置更好，你要小心，刚才就是在那里失败的，这次要看好了"；当孩子成功闯关时，是家长在反馈："这次你就是侥幸，可不能骄傲，赶紧抓紧时间把下一关也过了"；当孩子闯关失败时，游戏反馈是："哎呀，都提醒你刚才不要那样做了，就是不听，你看早听我的不就好了"……如果真是这样，恐怕就不会再有孩子喜欢游戏了！

关于学龄期孩子：

1. 学会学习，比学习成绩高更重要。

2. 一、二年级的孩子拥有好的学习习惯比学习成绩更重要。

3. 从孩子对电子游戏的热爱中看到孩子的优点和教育的不足。

没有不听话的孩子，只有不会聊天的父母

把科学养育法融进日常聊天里

轻松培养出优秀的孩子

父母会聊天，孩子更优秀
把每句话都说到点子上

扫码获得本书专属福利
①【睡前36句彩虹屁，夸出孩子内驱力】
②【养育孩子98则】
回复63965即可获得

教养青春期孩子要注意什么

首先，青春期的孩子不存在叛逆，只有觉醒。

孩子是一个独立的个体，随着年龄的增长和身心的成熟，孩子会逐渐形成对自己和世界的认知，会有自己的想法，因此一定会有与家长的想法不一致的时候。当有一天家长无法掌控孩子时，就认为孩子叛逆。其实，只是家长手足无措、气急败坏，面对孩子的成长没有办法应对了。

所谓的叛逆，只是家长缺少应对孩子问题的方法，同时又把责任推给了孩子。其实，这个阶段的孩子意识开始觉醒，确切的形容是孩子进入了觉醒期。

家长只有用"觉醒"替换"叛逆"，才能进一步理解青

春期孩子的行为。孩子的觉醒是一件好事，家长对此要鼓励和支持，并调整一直以来面对孩子的方式。家长只有尊重孩子的成长规律，在不同阶段采用相应的方式，才能培养出独立自主、自尊自信的孩子。

> 早恋的孩子都是内心爱的能量无法在家庭内部流动的孩子。
>
> 上网成瘾的孩子都是在外部环境（尤其是家庭里面）没有安全感和成就感的孩子。
>
> 离家出走的孩子都是在这个家里无法安放自己内心的孩子。

其次，应对青春期孩子的不良沟通，从孩子的表达入手。

青春期的孩子情绪就像暴风雨一样，来得快去得也快，容易急躁。例如，家长要出门买东西，想带着孩子一起去，结果孩子十分不耐烦地说："你要去就去呗，你跟我说什么？我还有我的事呢，不去，你该走走吧！"

这个时候，家长要如何回应呢？不能继续和孩子逗笑，说孩子怎么这么懒；也不能继续游说孩子"好不容易陪你一次，想给你买点东西，你却不领情"；更不能直接结束对话，因为孩子此时正在用不合适的方式表达。

家长要做的是告诉孩子："**孩子，你想去就去，不想去就不去，为什么用这种语气跟我说话呢？我是你的爸爸/妈妈，你要尊重我**。"如果家长不引导孩子用语言表达，孩子就会用错误的情绪进行表达。

青春期的孩子对家长不耐烦，一方面是因为没有形成敬畏心，另一方面是因为不会合理地表达。如果家长只把注意力放在情绪和行为上，就容易导致对方矛盾激化。一个人不会用嘴表达，就会用错误的情绪和对抗的行为来表达。家长需要意识到，孩子是因为不会表达，才会急躁，才会呈现这样的状态。

例如，家长让孩子写作业，孩子高喊："我不写，我就是不写！"家长此时不能继续用更高的声音训斥孩子，而应平静地告诉孩子："**你现在不想写，要跟爸爸妈妈好好说，等你想写的时候再写，发脾气有啥用呢？**"这不仅能正确引导孩子，同时也可以有效化解矛盾。

和青春期的孩子沟通，家长要从表达入手，而不必过于纠结孩子的行为。

再次，让家庭变得温暖一点。

如果把家庭比喻成一张桌子，孩子就像桌子上一个盛满水的水杯。当桌子摇晃时，水杯会倒下。这个时候，要想水杯不被打翻，就必须让桌子停止晃动。简单来说，就是要维持良好的婚姻关系，让家庭变得温暖。

很多夫妻之间发生矛盾，是因为彼此看不到对方的付出，只想到了自己的辛苦。想要教养好青春期的孩子，家长必须转变旧有的观念，理解包容伴侣，用更有效的方法与对方沟通，及时调整自己的情绪，保持家庭的温暖与稳定。

最后，永远给孩子留一条回家的路。

青春期的孩子容易做出冲动的行为，当和家长之间出现矛盾和冲突时，常常会选择离家出走。孩子离家出走，大多数是因为家庭中没有安放自己的心的位置。

家是孩子的港湾，孩子在家里是最安全的。无论是孩子不愿意上学、沉溺于手机、对父母缺少敬畏心，还是学习成绩差，只要孩子在家里，在父母跟前，一切问题都可以找到应对方法。因此，**无论何时何地，无论孩子发生任何事情，家长都必须让孩子知道，回家是第一选择**。铺一条让孩子回家的路，永远不要把孩子逼得离家出走。

第四章

精准沟通，调动孩子积极行为

如果父母不会沟通，孩子压根不愿意跟父母讲话，那么父母做再多的心理学准备都无济于事，父母应该学会正确的沟通方法。本章阐述当孩子与其他家庭成员发生矛盾时，父母的沟通要诀是什么，如何建立亲密的亲子关系，建立家庭统一战线。

当父子/女发生矛盾时，妈妈应该怎么沟通

在家庭中，爸爸和妈妈发挥的作用是有区别的，这一点尤其体现在父子（女）或母子（女）之间发生矛盾的时候。

当父子/女之间发生争吵与矛盾时，妈妈的沟通策略有以下三个。

第一，厚德载物。

"厚德载物"出自《易经》，是指品德如大地一般，包容、润养万物。我们希望妈妈做到"厚德载物"，并不是要求妈妈隐忍，而是希望妈妈发挥出情绪载体的作用。在我们的语言习惯和文化中，"母亲"代表着承载与包容，如同《道德经》中，老子将"道"与"母亲"放在同等重要的位置

上，老子认为母性接近大道："谷神不死，是谓玄牝。玄牝之门，是谓天地根。"我们每个人都是由母亲孕育的，与母亲的情感联结也是最强的。母亲的情绪往往影响着孩子的情绪。

因此，**当家庭中出现了争吵，当父亲与孩子发生了矛盾时，母亲的第一个沟通策略就是承载、包容与稳定**。吵架人人都会，也很容易，然而吵架是表达欲望的低级方式，也往往是无效的方式。母亲切忌在父子（女）发生冲突时，用更大的声音发更大的脾气，因为生气掩盖的是无能，愤怒掩盖的是焦虑。

第二，进行语言转换。

也许爸爸和孩子之间的冲突场面让妈妈很烦躁，但是转身离开、保持沉默、静静观望或大声指责爸爸，这都是下策，同时也是一种冷暴力，会破坏家庭和亲子关系。妈妈可以通过学习，提升自己，学会语言转换技巧。具体到实操中，有三种方法：

其一，把对方比较硬的话转换为柔软的话表达出来。当父子（女）发生矛盾时，彼此的话都很生硬、很情绪化。

情绪管理能力强的妈妈可以让整个家庭安静下来。如以下对话：

孩子："爸爸太烦人了，我讨厌爸爸，不要爸爸了！"

妈妈可以回应孩子："宝宝，你不想要爸爸了，可是妈妈还想要这个老公，要不你和我说一说，爸爸做了什么让你讨厌的事情。"

而爸爸在指责孩子脾气上头的时候，也可能会将矛头转向妈妈："你看看，都是你惯的！你要是早听我的，就不会这样了！"

这时候妈妈可以这样回应："老公，我知道你生这么大的气，是因为你为孩子的事情着急，你关心孩子，但是一时找不到方法，来，坐下来喝杯水，我们一起慢慢商量。"

其二，给足时间，让爸爸和孩子充分表达自己的想法。当爸爸或孩子找到妈妈抱怨或发脾气时，妈妈要学会倾听，给出足够的时间让对方先说，不要急于说教。此外，妈妈要单独带着孩子在一个独立的房间里进行沟通，就像带着孩子回到了母体的子宫中，能够修复孩子的安全感——与父亲的冲突会破坏孩子的安全感。

其三，鼓励孩子用嘴表达。在生活中，如果孩子不会用嘴表达，就会与家长在情绪上对抗，在沟通上对抗，在对人对事的态度上对抗。这个时候，妈妈可以引导孩子："**宝贝，你愿不愿意把你的想法告诉爸爸？如果你愿意，妈妈支持你，你去说吧！妈妈也可以充当你的使者，你想和爸爸说什么？告诉妈妈，妈妈替你传达**。"这个过程也许不会很顺利，不要着急，这是必经的过程，父母是孩子的榜样，孩子也会在这个过程中耳濡目染。

第三，发挥情绪价值。

家庭中，妈妈的情绪具有重要的价值。妈妈的情绪价值是一种能够给每个家庭成员带来美好感受的能量，可以通过

情绪价值低的父母养不出有幸福的孩子。

一个情绪稳定的妈妈，才会给孩子带来幸福和自信。孩子是家长的复刻。

要想养育情绪积极、自信大方的孩子，妈妈要注意平日的情绪管理。妈妈保持轻松愉悦的心情，要比告诉孩子多少情绪管理的大道理有效得多。

父母会聊天，孩子更优秀

两种方式发挥出来：柔软的智慧和情感的表达。

在我的学员中，有一位妈妈很会使用柔软的智慧。有一次她的孩子和丈夫在客厅中激烈地争吵，她走到厨房里开始做辣椒炒肉，不开窗户也不开油烟机，没一会儿，又呛又辣的油烟飘到了客厅，父子俩闻到味道，都开始控制不住地咳嗽，争吵也就不得不中止了，而她则站在厨房门口咳嗽。于是一家三口从一起咳嗽变成了一起笑。后来，她开家庭会议，和父子俩一起商量以后遇到不开心的事情怎么处理，成功地减少了家庭中的冲突。

情感的表达往往是行为上的，可以间接地影响周围的人。例如，妈妈站在窗边默默地流泪、去做饭、擦桌子，等等。

当母子/女发生矛盾时，爸爸应该怎么沟通

很多妈妈都有一个共同的烦恼，那就是在教育孩子的过程中，当自己与孩子发生争执时，爸爸总是帮不上忙，甚至越帮越忙，反而让自己与孩子的争执更加严重。其实，这并不能完全归咎于爸爸失职，也可能因为爸爸缺少处理这种情况的知识。

当妈妈和孩子之间发生争吵和矛盾时，爸爸可以采取这三个沟通策略：

第一，定海神针，不能乱。

与妈妈的承载和包容对应的是爸爸的"稳与定"。爸爸和妈妈都需要在家庭中保持情绪稳定，但是作为男性，爸爸

的稳定更加具有力量性，就像定海神针一般，能够将母女／子之间澎湃激烈的冲突稳定住。定海神针的强大力量在大禹手中可以治水，在孙悟空的手中可以翻江倒海。因此，爸爸不乱，才能够发挥作用。

在孩子的成长过程中，父母与孩子之间的冲突是不可避免的。在不同的成长阶段，冲突的频率与激烈程度是不同的。最激烈的冲突大多发生在孩子处于青春期且母亲处于更年期的阶段，这时候爸爸的定海神针作用就显得尤为重要。

第二，平衡需求，先听后说。

无论妈妈和孩子之间的冲突是什么，爸爸在稳定自己的同时，还要做到默默倾听。只有倾听才能够理清发生了什么，才能够了解妈妈和孩子的想法。生活中，很多爸爸习惯了做决定，理性先行，常常不听或打断媳妇和孩子的话，结果就是冲突没有缓解，反而越来越严重。

在缓解矛盾的过程中，爸爸要遵循先稳大、后稳小的原则，以妈妈为先。在稳定妈妈的时候，可以参照第一节中妈妈的语言转换策略，把妈妈生硬的话语转换为相对柔软的话。

爸爸在稳定妈妈的情绪时，还需要了解男性和女性的不同之处。心理学研究发现，从理性与感性的角度来看，男性看似理性，理性背后隐藏着一颗感性的心；而女性看似感性，感性背后隐藏着一颗理性的心；男性更需要情绪管理；女性更需要逻辑管理；男性在沟通的过程中更喜欢被捧着，女性在沟通过程中更喜欢被哄着；男性更倾向于通过视觉感知世界，而女性更倾向于通过听觉感知世界。这些都可以成为爸爸稳定妈妈的指导。

当然，在稳定妈妈的情绪之前，爸爸需要对孩子补充一句："爸爸特别理解你的感受，现在我要去看看妈妈是什么情况。"在了解妈妈的想法之后，爸爸还需要了解孩子的想法，平衡母女／子之间的需求。

第三，发挥行动价值，给出实操建议。

因为男性的逻辑管理更强，而女性的情绪管理更强，所以爸爸更擅长为问题提供行动方案，而妈妈更擅长发挥情绪价值，为家庭提供积极的氛围和感受。

首先，爸爸要做到当众关心孩子，私下关心妻子。每个女孩出生后遇到的第一个异性是爸爸，每个男孩出生后遇到的第一个异性是妈妈，心理动力学表明，女儿会把和爸爸之间的相处模式演变成和其他人的相处模式，儿子会把和妈妈之间的相处模式迁移到其他人身上。可以说，女孩的安全感来自父亲的关心与关注，如果女儿缺乏父亲的包容和支持，那么她的人际交往、学习或婚姻可能出现问题，而这些问题只有通过学习专业系统的心理学知识或心理疏导才能解决。因此，当众的关心更能够建立孩子尤其是女儿的安全感，有助于孩子的成长。

> 　对女儿来说，爸爸是自己认识的第一个异性，所以女儿与爸爸的相处方式会影响到日后女儿与异性或伴侣的相处方式。
>
> 　对儿子来说，妈妈是自己认识的第一个异性，所以儿子与妈妈的相处方式会影响到日后儿子与异性或伴侣的相处方式。

其次，综合从孩子和妈妈那里收集到的信息，理清双方的需求，给出问题的解决方法和实操建议。这个方案不是爸爸自己决定的，而是在和妈妈、孩子充分沟通后给出的。不同的问题有不同的实操流程，在本章中，还会针对更具体的问题提出解决方法。

当孩子之间发生矛盾时，父母应该怎么沟通

随着二胎和三胎政策的推行，家庭中很容易发生孩子们之间的争吵，而当这种情景发生时，需要父母运用更多的智慧来处理。

首先，父母要坚持五项基本原则。

第一项，不提倡大让小，杜绝将问题都归咎于大的孩子不够谦让。

当孩子们之间发生矛盾时，有的父母因为争吵原因是玩具谁先玩、谁和妈妈一起睡这类小事，而自己正在忙工作或家务，就认为孩子顽劣、不够懂事，第一反应是不耐烦或生气，经常采取的方式就是训诫大的孩子。这样的做法虽然简

单，但是后患无穷。如果父母把自己代入孩子的角色，就会发现，这时候较大的孩子会感到十分委屈。为了得到父母的爱，时间久了，他们会形成刻意讨好的个性；而小的孩子则可能会认为自己得到父母的爱是天经地义的，进而变得自私自利。

第二项，不站队。

无论孩子的理由是否符合你的想法，都不要站队，切勿给出谁对谁错的简单结论。通常情况下，孩子之间的矛盾大多源于生活琐事，本就难以评判。一旦家长站队，没有得到支持的孩子会感到愤恨，导致矛盾升级。

第三项，培养孩子成为一个问题解决者。

孩子最需要掌握的能力是解决问题的能力。无论他掌握多少书本上的知识，拥有多少物质资源，都无法避免在生活中遇到各种问题。而孩子之间的矛盾就是引导他们分析问题、提升解决问题能力的最佳契机。如果父母们珍惜这个契机，就不会因为孩子之间的矛盾而感到烦躁或愤怒了。

第四项，长幼有序。

"长幼"是儒家思想中的基本伦理关系之一。在这里强调"长"与"幼"是希望家长在照顾年龄较小的孩子时，也要保证对年龄较大的孩子的情感表达。有的家长在照顾较小的孩子时，会无意识地感慨："哎呀，老二的皮肤真好呀！"这句话并没有特别的意思，但是在老大听来就是一种比较。因此，家长需要再补充一句作为平衡："和老大小的时候一样好。"

第五项，理解并避免孩子之间的竞争关系。

每个兄弟姐妹之间都是竞争关系，他们既相爱又相争，争夺的最大资源是母爱资源。常常会听到孩子们询问爸爸妈妈："你更爱我，还是更爱哥哥/弟弟、姐姐/妹妹？"或者追问爸爸妈妈："你瞧，我是不是最贴心，做得最好？"有的家长不以为意，随意回答："以后咱家就都靠你啦！""你最像爸爸/妈妈啦！"殊不知这些答案会让另一个孩子产生匮乏感或被抛弃的感觉。家长误以为这是孩子过于敏感，事实上是家长的错误表达激化了孩子之间的竞争关系。父母偏心往往导致孩子的不自信，切不可把一个孩子的自信凌驾于另一个孩子的不自信之上。

如果家里有两个孩子：

1. 要对两个孩子一视同仁。

2. 家长要公平对待两个孩子，就事论事，不能偏袒老二，不能让老大让着老二。

3. 不要把两个孩子比较。每个孩子都有自己的优缺点，不要拿一个孩子的长处去比较另一个孩子的短处。

4. 请老大帮助自己照顾老二。

5. 要适当偏向老大，不要让老大因为老二的出生而产生心理落差。

理解了这五项原则，接下来，家长就可以进入具体的沟通流程了。沟通的步骤有五个。

第一步，承认每个孩子的感受。

当孩子之间发生矛盾时，他们的情绪和感受都是强烈的，也大多是负面的。家长无论看到什么样的画面，都要承认这些感受，不能轻描淡写。家长可以说："我知道你们都很生气／激动！"不可以说："这点事算啥，你就不能让着点？"

第二步，让每个孩子都有机会表达自己的观点。

这时要遵循长幼有序的原则，让较大的孩子先表达："哥哥 / 姐姐先说一说是怎么回事。"这个时候另一个孩子可能会在中间插话，争抢着要先说。家长则需要及时阻止，温柔而坚定地伸出手指挡在嘴边："嘘——乖，一会儿你也有机会说，哥哥 / 姐姐说的时候你不能打断，你说的时候，哥哥 / 姐姐也不可以打断你。"当较大的孩子说完，再让较小的孩子表达。在这个过程中，家长只倾听，不对任何一个孩子的观点进行评判。

第三步，认可当前问题解决的难度。

当两个孩子都表达完后，要给孩子们反馈："我听完你们的想法了，这是一个难题呀！确实不好解决！"

第四步，表达对孩子的信任。

接着对孩子们说："但我相信你们一定能够找到一个公平的方法解决问题。"

第五步，离开现场。

最后，家长要把解决问题的权利交给孩子，坚定地离开。家长离开之后，孩子们可能会找到解决问题的办法，也可能会又吵起来。这个时候家长要做的，就是将这五个步骤再进行一遍。这个过程是在培养孩子的解决问题的能力，不是一蹴而就的，而是循序渐进的。学习的本质是行为，当孩子的心理和情感需要被满足时，行为才会发生。

当家长教育观念不一致时，应该听谁的

在家庭教育中，最常出现的一种冲突就是家长之间的教育理念碰撞。当夫妻之间教育理念不一致的时候，到底该听谁的？

事实上，夫妻之间教育理念的不一致往往隐藏了三个真相。只有认清了这三个真相，双方才能够做出科学合理的判断。

真相一，夫妻之间教育理念的冲突，往往揭示了夫妻之间存在其他方面的矛盾，可能为人处世的原则不同，可能看待周围环境的理念不同，可能夫妻关系不和谐，而这些家庭内部的矛盾在我们的文化中是难以启齿的。很多夫妻都会选择隐藏起来，在他人面前避而不谈。但是教育理念的不同可

以公开讨论，甚至演变为到处抱怨。因此，生活中那些教育观念不一致的夫妻，往往本身就存在很多矛盾，只是在教育问题上尤为凸显而已。

> 　　父母教育理念不一致，是养育孩子的最大绊脚石。
> 　　如果父母教育理念不一致，首先要解决的不是孩子的问题，而是改善关系，统一教育理念。

真相二，一个人的育儿观往往与原生家庭有密切的关系。 要想彻底改变对方，需要付出很多的时间和精力。有些人思维固化，不肯转变，因此不要试图改变对方的教育观，而是要把调整的注意力放在自己身上。当夫妻中的一方察觉到双方的教育理念不一致时，那么首先要主动学习，然后潜移默化地去影响家庭中的每个成员。

真相三，每一个家庭成员的育儿方式可能都不是完全正确的。 有的家长有一定的社会阅历，或者在自己的工作领域中取得某种成就，或者专门学习了心理学或者经常参加各种教育专家的课程，就认为自己掌握了更好的、更正确的、更合适的教育方法，甚至因此否定其他家庭成员的教育方式。然而，这些经验并不能成为证明其教育方式更科学的依据，因为这些经验对于儿童教育来说，往往是片段式的、破碎的。因此，夫妻不要在教育观念不一致时，争论谁对谁错，陷入无尽的争论之中。每个人的育儿方法可能都不是完全正确的。

认清这三个真相之后，就可以着手化解夫妻教育理念不一致的现状：

第一步，确定一个主要的教育负责人。

每个人的经历、知识积累、思维模式等都是不同的，因此即便是夫妻，面对孩子的教育，彼此理念上出现差异也是正常的。必须在家庭中确定一个主要的教育负责人，避免发生分歧时，因矛盾和争论而无法达成一致。

第二步，寻找父母的优势和专长。

由于每个家庭成员个性不同，专长和优势也不同，家长寻找各自的优势，因势利导，用自己的优势来教育孩子，才能事半功倍。如果家长本身并不擅长运动，却要担负起帮助孩子锻炼身体的任务，自然会出现各种问题，其他家庭成员看在眼中，只会抱怨和指责这种行为影响孩子的成长。如果家长也喜欢阅读，那么引导孩子养成良好的阅读习惯，就会很顺利。

第三步，善于做出优势引导。

确认了父母各自的优势以后，该谁出场谁出场，在一方擅长的领域里，另一方要全力配合，无条件地信任，且不可干扰对方的方式，毕竟那是对方擅长的领域。在教育孩子的过程中，信任对方也是每一位家长需要重点学习的，相信对方的教育优势，相信对方能够发挥好自己的优势。

第四步，一定要避免拆台。

家庭教育中最危险的行为就是拆台。爸爸对孩子说"妈妈的方式不对"，妈妈又对孩子说"不要听爸爸的歪理"。可是小孩子还无法做出正确的判断，他们只会对爸爸和妈妈都不再信任，甚至觉得无论自己违背了哪一个，都有另一方来维护自己。结果只会是孩子失去正确的引导。有的家长很着急，认为对方对孩子说了不合适的话，做了不恰当的引导，这时家长要告诉自己，暂时搁置，对方错了就错了，之后再单独沟通。这些并不是大事，之后还有机会再调整修正，但是当面拆台造成的影响难以消除。

当父母与老人之间的教育观念不一致时，应该怎么办

在解决这个问题之前，父母们需要在观念上重新认识和理解年轻父母和老人之间教育观念不一致这件事。

首先，很多年轻父母在日常生活和养育孩子的过程中，十分依赖老人。老人不仅能够分担日常家务，还能够帮忙接送孩子上下学，有时候还会为家庭补贴开支。有老人协助的家庭，年轻的父母是幸运的，也是倍感轻松的，节省了很多时间和精力。当年轻的父母依赖老人的照顾时，同时也要接受老人在孩子教育过程中的建议，不能剥夺老人的发言权，更不能要求老人只做一个出钱出力的"智能机器"。因此，

如果年轻的父母不能完全脱离对老人的依赖，就要允许老人参与到孩子的教育中来。

其次，老人对孩子的影响，不会替代父母的教育，也不会超过父母对孩子的影响。无论老人与孩子生活多久，只要孩子和父母生活在一起，父母对孩子的影响都是最大的。有的父母出于工作原因会将孩子长时间留在老人身边，不过无论老人以哪一种方式养育孩子，孩子的心理状态、对关系的认知都只受到父母的影响。

在很多咨询个案中，父母与孩子的关系往往是孩子心理症结的根源。如果父母缺少系统的、专业的教育知识，反而会错失走进孩子心里的机会，导致孩子出现更多的成长问题。

最后，切不可当着孩子的面指责老人。这会让孩子失去敬畏心。这样做的话，孩子不仅会在家庭中不尊重父母、长辈，长大离开家庭后，也会失去对社会和世界的敬畏。除此之外，孩子还会遭遇更大的挫折，甚至无法很好地适应社会生活。一个任性的、无视规则的孩子在家庭中会得到最大的包容，但是在社会集体中，会失去群体中其他人的认同。

当我们重新认识了老人在家庭生活中的位置，以及老人对孩子教育的影响程度，就可以化解一部分与老人之间由于教育观念不同产生的矛盾。如果发生了更加具体的分歧，父母一定要有耐心，等待并抓住沟通的时机。

家庭是孩子所处的第一个社会环境，家长在爱孩子、宠孩子的同时要教给孩子与人相处的道理。

曾经有一个年轻的妈妈，孩子在襁褓中需要使用尿不湿。妈妈换尿不湿的频率很高，发现一点脏东西就赶紧换新的。婆婆看到后，说："换得这么频繁，太浪费了，不如换成尿布吧，多洗几次就行。"妈妈本想拒绝，和婆婆理论一下，但是转念一想，当时并不是一个合适的时机，于是使用接话技术，接受了婆婆的建议，说："可以呀！就这么办。"结果家里到处都挂满了尿布，当时还是冬天，婆婆每天要洗好几次，又累又辛苦，就这样没过几天，婆婆主动说："咱们还是想想新的办法吧。"

妈妈立即意识到，这是一个好的沟通时机，于是拉着婆婆坐在一起，说："正好咱们一起商量商量，其实您第一次说换成尿布的时候，我就不是很同意，但想到您也是为了孩子好，为了省钱，就答应了。可是在冬天洗很多尿布实在太不方便了，而且还辛苦，所以咱们还是换回尿不湿吧。妈，您看，您的儿子是我的老公，我的儿子是您的孙子，咱们都是一家人，以后有什么事咱们就坐下来一起商量，好好沟通，好不好？"

婆婆特别痛快，说："应该这样，咱们是一家人。"

就这样，这位年轻的妈妈不仅化解了和老人观念不一致的问题，还顺利和老人进一步达成了一致意见。与老人沟通时，一方面要寻找沟通的时机，另一方面，也是最重要的原则，那就是坦诚相待与实事求是。

有的年轻父母在老人提出某个建议的时候，总是迫不及待地去反驳和争辩。但是这个时候，老人接收到的往往是儿子或儿媳对他们的不理解，而不是对事情新的认知角度。有时老人会为了表达自己的委屈，将这种争辩扩大；父母也会为了证明自己是正确的，将矛盾升级。因此，越智慧的父母，越会寻找沟通的时机。**沟通的结果是达成一致，而不是证明对与错。**

家庭中产生的矛盾大部分来自误解。大家是一家人，在家庭中做出的所有行为和建议，都是希望家庭更幸福，结果却让大家都不高兴，大部分是因为家庭成员之间误解了彼此的意思。这个时候，越坦诚，越能缓解矛盾。

如何建立家庭统一战线

面对繁杂的家庭琐事、日益堆积的家庭矛盾、层出不穷的家庭问题，夫妻常常感到身心俱疲。然而再累、再辛苦，我们依旧没有想过要放弃，否则就不会翻开这本书，并看到这里了。想要继续维持稳定的家庭，目标绝不是将就彼此，而是朝着成为一个更加幸福的家庭而努力。

在生活中，常常听到很多人抱怨自己的另一半、抱怨孩子、抱怨老人、抱怨自己在家庭中承受的委屈和压力，甚至也会听到很多人把离婚、分手、断绝关系挂在嘴边。然而，这些话并不是他们的真心话。要建立家庭统一战线，需要我们明确并坚定自己的心意，我们希望家庭稳定、生活幸福。

在家庭中，如果没有那么狠的心，做不了那么狠的事，就不要说那么狠的话，否则只会伤害家庭成员之间的感情。

要在家庭中建立统一战线，需要我们做到三件事。

第一件事，优先追寻自我内在统一。

我们无法改变他人，也不可能改变环境，只能改变自己。一切的转变都是从自我转变开始的。只要我们改变了对自己、家庭、孩子、教育、未来的心境，现在的一切问题就会迎刃而解，即所谓心能转境。

因此，建立家庭统一战线的第一件事，就是追寻自我内在统一。把注意力放在自己身上，关注自己的情绪与感受，稳定自己、肯定自己、接纳自己，建立自信，积累足够的心理能量。

心理学家马斯洛认为，一个自我接纳的人也能接受他人，不会因为自己或他人的缺点而感到不安，人能够坦然地看待自己的一切，也能够平和地看待他人，从容地生活。当我们追寻内在统一的时候，要勇敢地面对自己的好与不好，面对孩子的好与不好，面对伴侣的好与不好，不掩饰、自然地表达。对于一切，要学着去接受、了解并认同。

如果我们自己是敏感的，传递给家庭的就是我们的不安；如果我们是自卑的，传递给家庭的就是焦虑。有时候，我们看到孩子对我们的要求和话语没有反应、没有热情，问题并不在孩子那里，是我们自己出现了问题。

所以，我们必须稳定自己，积累能量，不断地学习，改变我们的思维模式，不再自我消耗，不再否认自己。

第二件事，一边吵架一边修复，保持夫妻关系统一。

俗语说，过日子，没有锅铲不碰到锅沿的时候，夫妻之间也是如此，这个世界上没有不吵架的夫妻。要追求夫妻关系的和谐，努力的方向并不是减少或避免争吵，而是学会吵架后如何修复。

夫妻之间吵架也有积极的意义。夫妻吵架其实是表达方式的碰撞，曾有研究者经过多年的研究，总结了如何通过正确吵架修复夫妻之间的关系。**夫妻吵架时，不要太在意输赢，因为往往会赢了吵架却输掉关系。**

吵架的内容更重要，这是在提醒我们，自己渴望什么。人们往往关注吵架的表面内容，"你只顾玩手机，不管孩子""你总是加班，不回我的电话"，其实，这是在表达：**"我需要你的帮忙，渴望你的关注。"**因此，在吵架的过程中，我们需要察觉吵架内容所蕴含的对方的渴望。当渴望得到回应时，夫妻关系就会达到和谐。

> 在家庭中，每个人的心理感受都应当得到尊重。
>
> 好的婚姻不是去改变彼此，而是关注自己的成长，影响和适应对方。夫妻关系是家庭的根基，男人要学会哄和爱女人，而女人要学会捧和赞男人。

第三件事，学习各种实操方法，实现亲子关系统一。

在前面的章节中，我分享了很多家庭教育的案例，以及困扰家长的具体的育儿难题。解析这些难题的目的并不是改造孩子，让孩子成为我们设想中的完美儿童，而是通过学习各种具体的、系统的科学方法，实现亲子关系统一。

简而言之，通过视角统一、规则统一、地位统一，父母要与孩子在这几个角度达成一致，站在孩子的视角，理解孩子的困境；保持统一的处理事情的规则，让孩子更全面地认知这个世界；把自己和孩子划在一个圈子里，获得孩子的信任。

所有科学理论的学习，在完全理解之后，还需要具体的实践和应用。实现亲子关系统一最好的方式，就是进一步学习和练习实操方法。在本节接下来的内容里，列举了三个家长比较典型的困扰，通过具体的实操方法，帮助我们在生活中进一步地运用。

沟通方案1：解决孩子不听话的沟通方案

第一步，首先解决父母的执念：孩子不一定非要听父母的话。

为什么孩子一定要听父母的话呢？

很多父母会说孩子进入了"叛逆期"，不听话，学习成绩下降，什么都做不好。然而事实上，在心理学的成长阶段分类中，**并不存在"叛逆期"，只有"觉醒期"**。家长所谓的"叛逆"，只是对孩子不听自己的话的一种形容。这个阶段的孩子思想逐渐成熟，思维能力飞速发展，开始对自己、他人、人生、世界有了独立的思考。这时的孩子只是长大了。

当孩子有了自己的想法，家长无法再掌控孩子的时候，家长会认为孩子进入了"叛逆期"，然而事实上，这个阶段的孩子与家长虽然一直生活在同一个家庭环境中，但是孩子经历了 6 年、9 年到 12 年的不间断学习，认知和眼界远远超过了他们的父母。在这十年左右的时间里，家长并没有与时俱进，相反，很多人再未进行过专业学习或能力提升。一个身心均处于人生最有活力阶段的年轻人，与一个身心素质、反应能力逐渐退步的中年人相比，谁的想法更有道理，犹未可知。

而且，面对父母曾经对我们的要求，我们当时的感受、痛苦与压力，自己最清楚不过。现在回想，没有人会选择百分之百听从父母的话。同样的道理，我们不会完全听从父母的话，也要允许孩子不听自己的话。

如果一个人不会养鱼，却一意孤行，用错误的方法去饲养，那么结果只有一个：鱼会死。我们并不会养育孩子，却要让孩子听自己的话，结果必然不会向我们设想的那样。

第二步，想让孩子听你说，要先学会听孩子说。

我在第一章中介绍了接话技术，即无论孩子表达了什么样的内容，都要接受孩子的表达，就像面对孩子递过来的一样物品，先接下来再说。在亲子沟通的过程中，家长说出自己的观点之前，一定要先倾听孩子的感受。一方面，可以在无形中消除和孩子之间的对立立场，拉近与孩子之间的距离，另一方面也给出时间，让家长更全面地了解孩子真正的想法。

当孩子不听话，甚至做出抵抗的行动时，家长一定要有耐心，让智慧的自己替代情绪化的自己。只有家长传递出对孩子是信任的、理解的、认同的这样一种信号，孩子才会愿意表达真实的感受，也更加能够接受父母的建议。

第三步，沟通是为了解决问题，而不是升级矛盾。

我们要学习的是处理"孩子不听话"时的沟通方案，即如何与孩子共同解决当前的问题，而不是与孩子争论谁对谁错，更不是为了赢得"亲子战争"的胜利。

当孩子不听话时，他们可能直接地表达出来，也可能间接地拒绝和抵抗，这些方式蕴含了很多信息。家长要把关注点放在孩子为什么不再听从父母的话，是突然间的行为转变，还是这种抵抗早就已经发生？是偶尔一次，还是经常性的？是不听有关学习方面的建议，还是不听有关人际交往方面的建议？

沟通的目标是解决问题，而不是升级矛盾。家长要从解决问题的角度来思考，切不可轻易给孩子贴上懒惰、意志力差、专注度不够的标签。

第四步，让孩子心疼作为家长的自己。

在教养孩子的过程中，**让孩子心疼家长，比让孩子听家长的话更重要。**

心疼家长的孩子，能够理解家长的付出、体会家长的艰辛。想要做到这一点，家长就不能每天和孩子抱怨自己的辛苦，而是要培养孩子的共情能力和同理心。

共情就是站在对方的立场，设身处地地理解对方的感受、情感、需要和想法，并且能够根据对方的立场行动和思考。儿童在 3 岁以后便逐渐能够识别情绪和引起这种情绪的情境，6 岁的时候能够理解一个人会同时出现开心和难过两种情绪。研究者发现，儿童的情绪理解能力和感知能力与家长的情绪表露存在一定程度的相关性。父母在家庭中越经常表露出丰富的情绪，孩子对情绪的理解和感知能力就越好，人际关系也越融洽。

其实，家长苦恼于孩子不听自己的话，只是一种表面的想法，更深层次的渴望是孩子体谅家长的良苦用心。**家长真正想要的并不是孩子在行为上听话，而是在认知上理解父母**。因此，家长可以将"孩子不听话"这个烦恼进一步转化为"孩子不心疼我"。

儿童的情绪理解能力和感知能力与家长的情绪表露存在一定程度的相关性。父母在家庭中越经常表露出丰富的情绪，孩子对情绪的理解和感知能力就越好，人际关系也越融洽。

沟通方案2：解决孩子沉溺于玩手机的沟通方案

第一步，认清孩子喜欢玩手机所代表的真相。

凡是沉溺于玩手机的孩子，他的家庭生活很大可能是单调的、不幸福的，或者家庭关系出现了问题，父母之间经常爆发矛盾和争吵。

凡是沉溺于手机的孩子，家庭中大概率有一个处理问题简单直接、方式粗暴、情绪管理能力很差的"钢铁侠"爸爸，或者有一个曾经对孩子溺爱、纵容、包办一切，现在无助、情绪化、幸福感低的"焦虑侠"妈妈。

凡是沉溺于手机的孩子，都有过这样一段成长经历：曾经在学习和生活中积极向上，但是遭遇了挫折，然而家长没能及时给出正确的支持和引导，于是孩子开始退缩，他们从学校退到家里，从家里退到房间里，从房间里退到手机里，逐渐地包裹住了自己。

可见，孩子喜欢玩手机，并不是孩子出现了问题，往往是家长的教育引导出现了问题。因此，家长必须认清事情的真相，从自己的角度出发进行反思。

第二步，与孩子开诚布公地进行一次平等的对话。

对话的主题是：就孩子目前的学习和生活进行一次表达和总结。家长要引导孩子做出真实的回答，同时也要说出自己的真实想法。切记，对话过程中不可以评判和指责。父母和孩子要进行客观的表述，杜绝批评。

第三步，向孩子解释手机对孩子的吸引力在哪里。

手机的设计初衷是为了生活便捷，随着使用者的需求升级，手机开发的功能越来越吸引人。家长必须告诉孩子，手机的种种设计就是为了吸引更多的人购买和使用，而孩子会被手机吸引，是一种本能反应，这表示孩子有着强烈的好奇心，并且愿意做出尝试。

但是能够抵制手机的吸引力是一种难得的个性品质——自制力。**自制力需要有意识地培养，并不会在父母的催促和**

唠叨下出现。要培养孩子的自制力，需要维护孩子的自尊心，提升孩子的自信程度。这需要父母在日常生活中，认可孩子、相信孩子。父母对孩子的认可越多，孩子的高自尊和高自信的状态就越会被激活。

第四步，提升孩子使用手机的能力。

家长需要在与孩子沟通的时候，把"玩手机"改成"用手机"。相比成年后才接触手机的家长，现在的孩子从出生时就接触到手机，很多婴幼儿的手指还不能熟练地抓握物品，但是已经懂得点触手机的屏幕。很多家长感叹小孩子聪明，殊不知，这只是他们适应环境的结果。

因此，家长要转变孩子与手机之间的关系，手机并不是孩子的玩具，应该是孩子的工具。孩子需要学习如何正确地使用手机，需要提升使用手机的能力。**家长的目标是和孩子一起战胜手机，而不是和手机一起战胜孩子**。

第五步，向孩子提问：为了更好地使用手机，你怎么做能够让爸爸妈妈更安心？

不要对孩子提出关于手机使用的要求，要求代表对抗，代表对孩子的不信任。孩子收到的是被否定的信息。这样的信息不利于孩子自制力的形成。家长需要传递给孩子一种玩手机的安全感,当孩子知道父母是允许自己玩的,就会放松,就会有节制。如果孩子意识到父母不允许自己玩,就不会有节制,他们只会抓紧一切时间和机会,多玩一会儿是一会儿。

因此,家长不要提出要求,而要给予启发。只有减轻孩子内在的抗拒情绪,孩子才会与家长达成一致,才会愿意主动做出改进行为。

第六步,丰富家庭生活,努力增加家庭成员之间的情感交流,让孩子在生活中感受更多的幸福感。

手机里的信息来自虚拟空间,孩子却真实地生活在现实空间里。如果孩子在现实中能够获得肯定、认同、陪伴,自然就不需要沉迷于虚拟空间中的认可。家长要引领孩子发现生活中的美好,用未来的美好吸引孩子,而不是用未知的恐惧吓唬孩子。

孩子的内在自我认知来自父母的定义。父母如何定义孩子,孩子就会有怎样的内在自我认知。孩子会遵循这个内在认知成长。因此,家长需要在问题面前避免表现得很焦虑,给予孩子更多的信任,与孩子一起解决生活中遇到的问题。

孩子的自我认知来自父母的定义，父母给孩子的定义在很大程度上与父母的自我定义有关。

尊重自己的家长，更能尊重孩子；

对自己满意的家长，更容易对孩子满意；

自卑的家长，更容易看到孩子的自卑；

觉得自己活得不幸福的家长，倾向于觉得自己的孩子也是不幸福的；

凡事对自己不满意的家长，对孩子的满意度就低。

所以，什么样的家长养育什么样的孩子。

沟通方案3：解决孩子不想学习的沟通方案

第一步，区分孩子的情况是不会学习、不能学习，还是不想学习。

所谓不会学习，通常的表现是孩子很努力地学习，但成绩就是不理想。这时候家长需要帮助孩子寻找合适的学习方法。只要找到适合的方法，孩子的学习困境就会迎刃而解。

所谓不能学习，是孩子存在注意力障碍、记忆力障碍甚至智力障碍，在认知能力方面出现了问题。这时候需要去医院进行科学检查，以及寻求心理医生或心理咨询师的专业指导。家长切不可讳疾忌医，耽误了孩子的治疗。

所谓不想学习，是指孩子具备一定的学习能力，但是不愿意全身心投入，明明可以做到，但是却不想做、不去做。这类孩子需要家长调整教育方法，执行新的沟通方案。

第二步，孩子不想学习，其实是因为人际关系出现了问题，家长要帮助孩子解决这类问题。

如果一个孩子在写作业时拖拖拉拉，学习时不认真，那么观察一下这个孩子和爸爸的关系、和妈妈的关系、和老师的关系、和同学的关系，很可能有关系出现了问题。人际关系问题会导致孩子状态糟糕、情绪低落，无法全身心地投入学习，甚至对学习感到厌烦。因此，家长首先要做的是修复孩子的各种人际关系。

第三步，不断学习，积累专业的知识。

家长面对孩子的学习问题倍感焦虑，原因之一往往是家庭中缺少能够支持自己，为自己提供指导的人。家长自己不了解孩子的心理，不了解孩子的状态，又没有帮手，只能干着急。因此家长需要去学习专业知识，不断地提升自己，运用科学的方法去解决问题。

常言道："一个好汉三个帮。"养育孩子本就是一件不容易的事情，自己不擅长却又想要做好，唯一的方法就是学习和提升自己。人们旅游的时候需要导游，人生也同样需要导师。寻求帮助不是一件丢人的事情，不积极寻找解决方法，闭门造车才会使养育孩子这件事变得困难。

有的家长不了解孩子学习的真相，只根据孩子"学习"的时长来评判孩子的学习状态，只要看到孩子坐在房间里，在看书写字，就认为孩子在学习；只要看到孩子走出房间，就认为孩子没有学习，就会忍不住说孩子："你怎么又出来了！"结果孩子只会重重地关上门，再也不愿意让家长知道自己的状态。还有的家长总是喜欢站在门口观察孩子，并且伴随着叹气、摇头的动作，这对孩子的学习不会有任何帮助，相反只是在用负能量消耗孩子。孩子听到或看到家长这样的言行，会对学习更加厌烦。

家长面对孩子的学习问题，有能力就放开手去指导，没有能力就努力认真地提升自己的能力，不要把自己的无能为力传递给孩子。

第四步，营造舒适、安全的家庭氛围。

在动物界，很多长着坚硬外壳的生物，其内部都是柔软的。人类其实也是如此，强硬的外表、尖锐的话语、咄咄逼人的态度大部分是为了保护内在脆弱的自己。家长在和孩子沟通的时候，不要和孩子硬碰硬，一旦击穿了双方的硬壳，结果只会两败俱伤。而这些损伤的修复是极为困难的。

学习是孩子成长过程中接触到的第一份事业，无论孩子的学习成绩如何，他们都希望经营好自己的事业。这种愿望与成年人对事业的期待是相同的。糟糕的同事关系以及对领导的不满会让我们对工作感到厌烦。孩子也是如此，他们对自己的学业感到厌烦，也有与学业有关的人让他们感到厌恶的原因。

家长要做的，就是营造良好的家庭氛围，调整对孩子的期待值，让孩子感受到与父母相处是愉悦的，还要及时为孩子在学校的人际关系问题提出改进方案。**孩子心情不好，会对学习产生不好的影响**。让孩子保持心情愉悦，就要建立稳定的家庭关系。正如鱼缸理论说的那样，改善鱼缸的环境，小鱼才会健康成长，家庭氛围好，孩子才会更好。

第五章

————

深度倾听，引导孩子积极表达

会听比会说更重要。能够让孩子打开心扉的父母更容易成为成功的父母。本章将对如何倾听、共情孩子做详细阐述。通过沟通和倾听，父母能够与孩子建立稳固的亲子关系，也为父母养育好孩子做好铺垫。

学会情绪识别，用倾听走进孩子的真实内心

身为父母，总是想要给予孩子最好的一切，同时也总是希望孩子保持开心、愉悦的情绪。情绪虽然有正向和负向的区分，但是每一种情绪的作用没有好或坏的区分。每一种情绪都很重要。**我们需要帮助孩子了解和识别每一种情绪，这样孩子才能更好地适应周围的环境**。如果孩子没有体验过恐惧，就不会回避危险；没有体验过悲伤，就不会懂得珍惜。

当孩子满心期待来到商场，想要买自己心仪的玩具，结果玩具已经售罄时，此时孩子可能会哭闹、会发脾气。家长处理这种情况的时候，要告诉孩子，这时的情绪感受叫作

"失落"，失落的情绪提醒我们，并不是所有的事情都会依照我们的意愿发展。同时，当看到身边的人失落时，我们要给予关心和安慰。

当孩子**被拒绝**的时候，告诉孩子，当前的情绪感受是**沮丧**；当孩子**被其他小朋友欺负**时，告诉孩子，当前的情绪感受是**委屈和痛苦**；当孩子在其他小伙伴跟前**被嘲笑**时，告诉孩子当前体会到的是**郁闷**；当孩子在看喜欢的动画片，正看到精彩的片段，结果出现了广告时，孩子可能会**很着急**，会抱怨甚至坐立不安，面红耳赤，不断地向父母诉说，父母要告诉孩子，此时的感受是**焦虑**。

这些情绪都需要家长帮助孩子识别。然而生活中，很多父母也分不清各种情绪，只是简单地将情绪归类于好或不好。因此，父母要在生活中练习识别各种情绪，阅读收集有关情绪的词汇、描述，积累相关的知识。

在沟通的过程中，之所以出现只沟却不通的情况，大部分是因为家长没有识别孩子的情绪，无法感知孩子真实的内心。当孩子放学回家，和家长说起自己和同学发生矛盾时，家长通常会给出建议："这个同学人品不好，不要再和他靠近了。""这都是因为你说错了话，以后要学学什么话能说，

152

什么话不能说。""你就去和他这样讲，他接受，你们就继续做朋友，不接受，你就去找其他同学玩。"然而听到这些建议的时候，孩子总是会露出更加烦恼的表情，因为家长没有回应孩子的感受，没有了解孩子内心真正的想法。

在大脑进行信息加工时，不同的功能区会有不同的兴奋程度。我们可以简单理解为，大脑有两部分——情绪大脑和理性大脑，当情绪大脑没有被满足时，理性大脑是不会出现并发挥作用的。当孩子诉说烦恼的时候，如果家长跳过孩子的情绪，直接给出理性的判断和方案，孩子只会感到困惑，时间久了，会认为家长不理解自己，不再和家长沟通。家长的教育大多是理性的，孩子不听的原因是孩子的情绪需求没有被满足。

> 家长的教育都是理性的。大多数家长都在采用正确但生硬的教育方式教育孩子，却忽视了对孩子情感需求的满足。
>
> 家长少说废话，把孩子当大人去尊重，才能给孩子更好的教育。

识别情绪能够更好地满足孩子的情绪需求。倾听孩子的叙述时，家长首先要识别孩子的情绪感受。很多时候，孩子体验着多种情绪，甚至混合了矛盾的情绪。家长需要逐一识别，逐一回应。家长可以直接说出孩子的情绪，认可孩子的情绪，告诉孩子有这样的感受是很正常的。如果孩子不理解自己感受，家长还需要带领孩子识别和区分自己的情绪。只有孩子学会正确面对自己的情绪，问题才会更加明朗。

识别和理解情绪，是情绪智力的重要内容。1990 年，美国研究者提出并论证了情绪智力的作用，情绪智力是智力的构成成分，一个人对情绪的自我识别和调适，能够帮助人们更好地解决问题、适应环境。善于识别自己的情绪、他人的情绪，以及他人对自己的情绪影响，这些能力有助于构建良好的人际关系。我们喜欢和能够理解自己的人成为朋友，理解就是能够回应我们的情绪感受。

孩子的很多问题其实都是人际关系导致的情绪问题的附加效应。家长的养育重点要放在对孩子各种关系的维护上。同时，家长在处理与孩子有关的问题时，必须将注意力从事件本身收回，更多地放在孩子身上，识别孩子的情绪，接纳孩子的情绪。

学会情绪表达，用倾听让孩子表达自己的真实想法

作为一个成年人，我们是如何表达自己的情绪的呢？

在多年的心理咨询工作中，我接触过很多成年人，他们的情绪处理方法大致有这样几种：**刻意忽略**，尤其对于悲伤、难过的情绪，想尽方法忘掉，出去旅行、追剧、购物，去做一切可以转移自己注意力的事；**借酒消愁**，只要感到不开心，就约上几个朋友大醉一场，或者一个人关起门来灌醉自己，醉到不省人事，昏睡过去，有时候也会借着酒劲发起疯来，吵闹、大骂，第二天则借口说喝醉了，不记得了；**压抑和隐藏**，不断告诉自己，开心起来才会受到大家的欢迎，总是抱怨的人不会有人喜欢，因此隐藏自己的真实想法，委

曲求全。然而这些方法最终都让他们出现了不同程度的心理问题。

情绪是可以表达的，表达情绪对于情绪调节有着很重要的意义。孩子在成长的过程中，会体验到各种情绪，要教会孩子诚实地表达自己的情绪。

最直接的表达就是用语言说出自己当前的情绪。例如放假了，孩子因为可以出去玩而感到开心，可是想到很久都见不到喜欢的小伙伴，又会感到不舍。家长在这个时候最适合的回应，就是让孩子自己说出自己的情绪是什么。

不过，**情绪表达不等于情绪化表达**。虽然只有一字之差，对于孩子来说却是天差地别。情绪化表达是以宣泄的方式释放自己，大喊大叫、摔东西、不停地哭泣、止不住地抱怨，等等。孩子由于对自己情绪识别不清晰，再加上表达能力有限，所以最常使用的一种表达方式就是大哭。家长需要识别这些哭闹所代表的不同含义。

例如，年龄比较小的孩子喜欢在吃饭的时候，端着碗到处走、到处玩，碗是孩子喜欢的，碗里盛着的是孩子爱吃的食物。结果走着走着，孩子把碗给摔了，站在那里哇的一声哭了出来。这个时候，孩子就是在做情绪化的表达，他不知所措，各种情绪感受堆积，不知道怎样处理，只好大哭。

这个时候，需要家长走上前，引导孩子表达出自己的情绪。家长可以对孩子说：**"孩子，刚才碗摔在地上，砰的一声，你是不是吓到了呀？爸爸妈妈告诉你，这个感受叫作惊吓；你看，你爱吃的东西都洒了一地，脏了，不能吃了，爸爸妈妈知道你有点遗憾；这个摔碎的碗是你最喜欢的，以后不能继续用了，你一定感到很伤心，这些爸爸妈妈都是知道的。"** 孩子听到这样的引导，不仅区分识别了自己的情绪感受，也明白哭是不能解决问题的。这个过程就是家长教会孩子情绪表达的过程。

情绪表达并不复杂，不能进行情绪表达，是不成熟的表现。家长也可以练习情绪表达，这样可以避免很多夫妻之间的无效争吵。通常，夫妻之间不断地争吵，总是因为一方事情太多，不想再说，另一方事情太杂，说不清楚。大家说不清楚事情，那么不妨说一说自己的感受，比如我感到疲惫、感到无助、感到焦虑、感到不安，同时回应对方的感受："我知道的，我们来一起商量一下怎么办吧。"

虽然有时候，成年人在情绪管理方面也是不成熟的，但是也要想办法让孩子学会正确地表达情绪。这是培养孩子的重要环节。孩子在学校里哭泣，可能是因为不习惯学校的管理模式，可能是被其他的小朋友欺负了，可能是自己想要某个东西却没有得到，如果家长和老师不引导孩子表达，只是一味地让孩子停止哭泣，这些被忽略的真实情绪得不到安抚，就会让孩子转向对学校排斥、对学习厌恶。当这些后果出现的时候，家长需要付出更多的努力，才能化解孩子的苦恼。

当家长尝试引导孩子说出真实的想法时，孩子可能会拒绝，不愿意说。家长不必着急，更不要强迫，**强迫孩子就是在破坏与孩子之间的关系**。要转变家长和孩子之间原来固有的沟通模式，需要时间。有些转变需要家长先开始，然后潜移默化地影响孩子。

学会情绪调整，帮助孩子调整自己的情绪

身为家长，你是否统计过孩子在家中宣泄情绪的频率，以及每次宣泄时的状态是怎样的？看到孩子无法处理好自己的情绪，家长心里的想法又是怎样的呢？很多家长会感到生气、无助，希望赶紧学会最有效的方法，一招制敌。然而，真实的情况是，为了帮助孩子学习调整情绪，在学习具体的操作方法之前，家长需要先对自己进行认知调整。

凡事都是先学习理论，再进行实践。就像我们想成为一名能够独立治病救人的医生，首先要学习各种医学理论和专业知识，再进行一段时间的观摩和实习，然后才会在专业医生的带领下进行实践，再经过长期的积累和练习，才会成为

独立操作的医生。养育孩子也是同样的道理，要掌握具体的帮助孩子调整情绪的方法，家长们首先需要学习正确的儿童情绪理念，即进行认知调整。

家长关于儿童情绪的认知调整包括三个方面。

第一，家长必须意识到，由于长期以来没有培养孩子的情绪管理能力，孩子才变成现在看到的样子。因此家长不要生气，也没有立场生气，家长要做的是对自己进行反思。一个成年人和一个认知不成熟、行为幼稚、情绪管理能力不完善、做事方法不恰当的小孩子认真地争辩，并因此气愤不已，说明成年人是不成熟的。因此，家长要把孩子呈现出来的状态看作为孩子提供成长指导的契机，告诉自己，之前自己忽略了这方面的指导，现在正是补上这部分的时候。

第二，实事求是，扪心自问：作为爸爸妈妈，我们自己的情绪管理能力好吗？我们能够控制自己的脾气吗？如果作为成年人的我们尚且做不到，那么孩子做不到也是正常的。家长需要调整自己，才能更好地引导孩子。因此，面对孩子，干生气是没有用的，只有静下心来，查缺补漏，努力学习才行。学习能够平静父母烦躁的内心，安抚焦虑的父母。孩子需要平静、有耐心的父母，而不是焦虑暴躁的父母。

第三，评估一下，自己目前的情绪管理水平，能否帮助孩子调整自己的情绪？如果答案是否定的，那么不要现在就冲上去，我们的旧方法、固有思维只会越帮越乱。必须等我们掌握好一定的方法之后，再帮助孩子调整自己的情绪。

然后，家长就可以根据孩子的情况进一步选择合适的方法与操作流程，帮助孩子调整自己的情绪。例如，父母可以给孩子一定的情绪释放时间，当孩子特别难过或特别兴奋的时候，让孩子在安全的空间里释放出自己的情绪能量。只要保证孩子是安全的，不会受伤就好。

一个人的情绪会随着释放而不断地减弱，所以，让孩子和自己的情绪待一会儿。有的家长会在孩子情绪正强烈的时候，加入其中，用更大的声音、更激烈的情绪震慑孩子。然而孩子这个时候感受到来自父母的新的刺激，会在原有的情绪基础上，又叠加新的情绪，例如委屈，于是情绪化的表现更加激烈，原本消减的情绪转化为新的情绪，更加无法安静下来。而家长很可能也会被孩子的反抗刺激到，更加生气、焦虑，于是，结果是孩子和家长一起大喊、崩溃、哭泣……整个家庭沦为了情绪的垃圾场。

合适的宣泄情绪的方法有，给予孩子无声的陪伴；在孩子宣泄情绪的时候，家长在孩子旁边做一些自己的事情；当孩子悲伤地哭泣时，家长可以坐在孩子的身边看书或扫地，随时关注孩子的状态，及时给孩子递去纸巾和毛巾，但是不要和孩子对话，也不要阻止孩子哭泣。这样的行为会让孩子知道爸爸妈妈在关注着自己，自己是安全的。当孩子的情绪稳定之后，我们再和孩子去处理他的情绪问题，帮助孩子识别刚刚的情绪是什么，分析为什么会有这种情绪，以及这种情绪给他带来的想法是什么，等等。

有三个倾听方案，可以帮你深度倾诉孩子的情绪和需求。

倾听方案1：深度倾听的6个方法

倾听是一种功夫，每个家长都需要练习自己的"听功"。练习深度倾听的方法有以下 6 个。

第一，表情回应。

在人与人的交往中，表情是最直观的信息来源，也是最重要的信息来源。可以说，一切的交流都是从表情开始的。有时候，我们不需要语言，一个微笑的表情就可以表达很多内容。因此，倾听孩子的第一个方法就是用表情回应，当孩子说起一件事情的时候，家长要跟随孩子的表述做出表情上的回应，专注的神情或适时的皱眉、微笑，都是在告诉孩子，我们在认真听他讲话。

《论语·为政》中，子夏问孝，子曰："色难。有事，弟子服其劳；有酒食，先生馔，曾是以为孝乎？"孔子在回答孝道问题的时候，提到子女在父母面前和颜悦色是很难的。然而现在的家庭中，我们不仅对父母难以展颜，对我们的孩子也是。这都是破坏关系、不利于倾听的行为，需要我们注意并有意识地克服。

第二，肢体回应。

当孩子放学回来时，自然而然地拍拍孩子的头和背；当坐在一起看电视时，把孩子的手放在手心里抚摸，肩膀靠着肩膀；当孩子做成一件事时，和孩子击掌庆祝，这些都是肢体回应。温柔的肢体回应能够给予孩子心理层面的安慰。

如果孩子很抗拒肢体接触，只能说明我们对孩子的肢体回应太少了。如果家里养了宠物，在打开门的一瞬间，宠物们是最先冲上来的，因为我们经常摸摸、抱抱它们，它们也会用热情回应我们。所以，我们一定要在生活中给予孩子和伴侣更多的肢体回应。

有一个高三的学生，临近高考的时候压力倍增，焦虑严重，他的妈妈很着急，想要劝慰孩子，但是效果并不好。后来，妈妈每天在孩子早上出门的时候抱抱孩子，晚上孩子晚自习到家也第一时间抱抱孩子，除此之外什么也不说，渐渐地，孩子适应了这样的拥抱，并且主动延长了每次拥抱的时间，后来孩子的焦虑紧张也逐渐缓解了。

第三，语言回应。

语言回应是最直接的倾听反馈，也是必须进行的一种反馈。孩子放学回来，父母下班到家时，都和家人大声地打招呼，出门上班或离开家时，也和家人说明要去哪里。可能话语很简单，但这是一种被重视、被关注以及在关注对方、重视对方的表现。

所以，当家长看到孩子开门进来时，露出微笑，走过去拉住孩子的手，说上一句："回来啦！"如果孩子这一天是顺利的，他的开心会叠加，如果他遭遇了挫折，也会感受到家的温暖，内心的委屈和难过也会缓解很多。

第四，反馈确认。

和孩子对话的时候，一定要和孩子确认一下："刚才是不是这个意思啊？爸爸妈妈的理解是不是对的？"有的家长

164

会觉得没有必要，自己的孩子自己还不了解吗？大家在一个屋檐下生活，很多事情是有默契的。然而，就是这种想当然的"默契"，往往会造成很多误解，甚至给我们和孩子带来压力。

有这样一个关于夫妻的故事，丈夫以为妻子喜欢吃鱼头，所以每次都会自己吃掉鱼尾，把鱼头留给妻子，而妻子以为丈夫喜欢吃鱼尾，所以每次自己虽然也想吃鱼尾，但是都勉为其难地吃了鱼头。直到两个人白发苍苍，躺在病床上，才向对方说出了自己的忍让和秘密。结果一直吃鱼尾的丈夫真正喜欢吃的是鱼头，而妻子真正喜欢吃的是鱼尾。就这样，两个人都认为自己在成全对方，却不知都只是在委屈自己而已。

在家庭中，反馈确认就是为了避免倾听中产生误解。

第五，积极共情。

从孩子的角度理解、体会孩子的感受，认知孩子的难处，从孩子的立场给出回应。倾听的结果并不仅仅是告诉孩子，我们听到了，还要告诉孩子，我们听到了什么。要让孩子知道，我们听到了孩子的情绪和感受，我们也听到了孩子的纠结。有时候，孩子讲述的事件本身并没有那么重要，孩子所传递出的担忧、焦虑、无措，才是孩子希望家长重视的。

家长在倾听的过程中，一定要积极共情。

第六，先理解再建议。

切勿急着给孩子任何建议。家长要理解孩子真正想让我们听的内容，那些问题和烦恼只是孩子为了说明自己的真实想法借用的"道具"。家长需要学习系统、科学的方法，真正理解了孩子，再根据孩子的需要给出建议。

在理解的过程中，家长可以和孩子求证，询问孩子是不是这样想的，是不是有这样的感受。

这6个深度倾听的方法，也是6个进行倾听的流程。家长要记住这6个步骤，以便在和孩子的沟通中使用。尽管步骤比较多，但是家长一定要练习并使用。养育孩子是一件不容易的事情，太过随意的言行总有一天会伤害身边的人。只有不怕麻烦、讲究方式方法、在意沟通效果的家长，才能真正提升自己的养育能力。

倾听方案2：通过"回放"，迅速与孩子建立亲和感

看视频的时候，看到精彩的片段，我们会再看一遍回味一下。在养育孩子的过程中，我们也需要经常"回放"，回放自己的人生，回放和孩子刚才的经历。回放能够帮助我们更好地理解自己，更好地理解孩子。

回放自己的人生，也可以称为"自我回放"。

当我们听到孩子诉说在学校里受到的委屈时，孩子的委屈指数如果是5分，很多家长听到后体验到的委屈指数变成了9分。其中4分的增长，并不仅仅是由于家长对孩子的溺爱与关心，而是家长自己曾经在成长过程中受到的委屈被当前孩子的委屈激发了出来。可能家长在小的时候，在原生家庭里总是被父母忽视，被左邻右舍的小伙伴排挤。**这些委屈一直留存在我们的内心深处，当我们成为父母，看到孩子受到了委屈，我们的内在小孩就会出现**。

家长此刻看到的孩子的委屈，其实是自己的委屈。在家长的成长过程中，总是会将内心的伤感投诸其他人身上。看到其他人伤害自己，看到其他人做得不够好，心里的不舒

服、心里的伤感就会油然而生。**家长以为自己在训斥孩子，其实是在训斥未完成心愿的自己；以为在训斥伴侣，其实是在训斥小时候导致自己缺失了关爱的父母**。

很多成人，外表上看似平静如水，其实内心暗流涌动，平时看上去阳光灿烂，然而心中惊涛拍岸。家庭中的这样或那样的不开心、琐碎生活中的一地鸡毛、那些不被理解的孤独和伤感，不时地萦绕心头。或许在人生的某个刹那，独自站在窗边，看着天边远处的白云飘过，突然间莫名伤感，直到泪水滑过脸颊，才知道自己哭了。

这就是我们的成长历程所产生的影响，我们看到他人的行为，内心的痛苦被唤醒了。所以，家长首先要学会回放自己的人生，理解原生家庭对自己的影响，持续地学习，保持内心的平静，不抱怨、不指责，不把自己人生的希望盲目寄托在他人的身上，而是把注意力放在自己身上，提升自己的幸福感。

每个人的原生家庭都是不同的，我们可以通过回放重新审视自己的人生。只有梳理好自己的心态，孩子和家庭才会好，如果我们自己的问题还没有得到解决，总是焦虑常伴，也不可能给孩子带来平和和力量，以及正向的引导。

自我回放可以帮我们正确地理解自己，区分自己和孩子的感受，不让自己的感受干扰孩子，回应孩子真正的需要，与孩子建立亲密感。

回放和孩子之间的经历，则是从另一个角度来拉近与孩子之间的距离。**当我们与孩子之间发生了冲突、争吵，或者孩子突然发脾气、吵闹、情绪激动的时候，家长要使用"回放技术"。具体的话术包括：**

"孩子，刚才我们在一句一句地聊天，原本好好的，是哪一句话让你的情绪升级，导致你的情绪突然不好的？你可以告诉爸爸妈妈吗？"

"孩子，你的想法，我想了想，其实是可以接受的。但是我无法接受你这种不尊重我的表达方式，也很不喜欢你使用的语气。"

这两种话术一方面聚焦于发现孩子情绪突变的具体原因，另一方面明确告诉孩子，沟通中可以和不可以的界限在哪里。

尽管家长把孩子从襁褓中养育长大，但是家长与孩子是两个完全独立的个体，个性、喜好、对人对事的态度、价值观都是完全不同的。单方面的回放只能使家长和孩子都从自己的角度思考问题的症结，只有一起回放才能够发现真相。可能只是一句不经意间的感慨，可能只是一句习惯性的口头禅，但是对于孩子来说，具有不同的意义。

而孩子在表达的时候，总是为了表达的内容忽略表达的方式，而这些方式正是引起家长愤怒，点燃家长情绪的引线。家长和孩子一起回放，是和孩子平等地对话，也是对彼此的倾听与反馈。

倾听方案3：通过"确认"，有效化解孩子的抱怨

在亲子关系中，如果孩子对父母产生了不好的感受，抱怨要比恨更难处理。恨即所求不满，有所求，却没有达到，当孩子恨父母时，代表孩子对父母是有所期待的，此时只要满足了孩子的需求，恨就化解了。然而，抱怨是失去了所求，孩子在心理层面上与父母产生了距离，修复起来更加困难。因此，家长需要使用以下5个方法，与孩子进行确认。

第一，确认孩子的情绪感受。

家长要询问孩子："孩子，爸爸妈妈今天批评了你，你心里难受吗？"

不用想，这个答案是肯定的，但是这个感受需要孩子

自己说出来。说出来就是表达情绪，只有孩子识别自己的情绪，家长接纳孩子的情绪，才能够听到孩子最真实的感受。同时，这也是对孩子进行情绪表达的引导。

此外，这也是一种确认，确认孩子是否愿意与我们沟通，是否迎来了教育的契机。如果孩子不说话，我们可以让孩子用摇头或点头表示。如果孩子干脆锁上门不出来，那么家长不能破门而入，这表示教育的契机还没有到来。**所有的养育理论都需要在现实生活中实践**，但是实践的前提是出现了教育的契机。

第二，确认父母对孩子的爱是永远不变的。

家长要告诉孩子：**"无论爸爸妈妈怎么惩罚你或批评你，我们对你的爱都永远存在。"**

很多家长认为这句话是每个人都知道的，孩子心里很清楚，所以认为不必说或者不好意思说。然而这种想法只是家长的想当然，从孩子的视角看，家长的很多行为和语言传递出的信息是，你并不那么值得我爱。例如，当我们的孩子和亲戚家、邻居家的孩子一起犯了错，我们通常会先批评自己的孩子，或者更多地批评自己的孩子。家长认为这是有礼貌与有涵养的做法，殊不知孩子会认为家长更喜欢别人家的孩子，爸爸妈妈对自己的爱并不是永恒的。

因此，这句话家长必须说，尤其当家长要处理自己家和别人家的孩子错误的时候。要么家长事先和孩子说明："他们来家里做客，我们要谦让，所以我可能会说你多一些，但是爸爸妈妈对你的爱是不变的。"要么家长在处理两个孩子的错误行为时，要公平公正，不偏袒。要么在其他人离开之后，和孩子修复情感，说："今天这么做可能会让你觉得不公平，但是爸爸妈妈对你的爱是永远不变的。"

有时候，家长不在意，自以为孩子会多担待，结果往往导致孩子的抱怨。也许有一天孩子长大后会明白其中的道理，但是小时候留存下来的认为自己不值得被爱的感受是无法消解的。

第三，确认孩子理解批评的指向是行为，而不是孩子本人。

在养育孩子的过程中，表扬和批评是并存的。每一个孩子都会被家长批评。然而家长必须让孩子明白，**所有的批评指向的只是具体的行为，并不是孩子本人**。这一次孩子不礼貌，使用了不尊重人的态度，不代表孩子就是一个缺少礼貌和教养的人；这一次孩子粗心大意，漏掉了一道题，不代表孩子是一个不负责任的人；这一次孩子和其他的小朋友互相推搡，动手打人，不代表孩子是一个个性冲动、暴力的人。

因此，**家长要告诉孩子："我只是批评你做错了事，并不是否定你的价值"。**教育过程中，家长需要团结孩子，把孩子和自己放在一边，把问题放在另一边，一起解决问题，而不是把孩子和问题放在一起，解决掉孩子。

如果你家孩子大错不犯、小错不断，是因为你"收拾"得太到位了。

孩子犯错了，不要上来就一顿骂一顿训，因为这样做只会养出一个刀枪不入的孩子。当孩子犯错时，不要立马就去批评教育，让孩子在错误里待一会儿，让孩子的内心产生情绪的失衡，才是高明的教育方法。

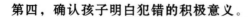

第四，确认孩子明白犯错的积极意义。

家长需要传递给孩子：**我们都会犯错，但是没有关系，这是成长的过程。**把孩子无法改变的错，当成一种试错。**试错也是一种收获。**错了就总结经验，积极改进，这样孩子的紧张程度会降低。**很多孩子在家长面前总犯错，就是因为太紧张**，害怕自己犯错后被批评，不再被喜欢，然而越紧张越容易出错。如果孩子明白，父母愿意接纳、包容自己的错误，允许自己犯错，孩子会感到放松，做起事情会更加从容。

第五，确认孩子对未来的信心。

家长还需要建立起孩子对未来的信心，告诉孩子："**爸爸妈妈永远相信你**。"

很多人之所以陷入过去的痛苦，自责懊恼，对现在的生活没有兴趣和动力，就是因为找不到未来，看不到未来的美好和希望。而孩子对未来的期待，需要家长协助建立。家长要向孩子描绘未来的美好，让孩子感知到未来的自己的成就感、价值感和幸福感。用未来吸引孩子，而不是用未来恐吓孩子。当父母传递出对孩子未来的信心，确认了孩子对未来的希望，就能够有效化解孩子心中的抱怨。

第六章

助力学习，让孩子为自己而学

学习是孩子的重要任务，本章介绍几种方法来助力孩子学习：调动孩子学习主动性、教孩子提高学习效率、培养孩子积极自觉学习的习惯、提供适宜的学习氛围。

学习动力：调动孩子的学习主动性

在家长养育孩子的过程中，帮助孩子学习是很重要的一件事。学习是每个人都必须掌握的一门技能。学习不仅包括学习书本知识，广义的学习还包括所有能够获得经验的行为。家长要对孩子学习提供一定的指导。

年纪较小的孩子，认知水平比较低，自觉性也很差，学习能力不足，在刚开始学习知识和技能的时候，需要成人的监督和指导。在孩子还没有达到能独立学习的水平时，需要家长的助力。

为了调动孩子学习的主动性，家长要引导孩子了解为什么要学习。很多孩子对这个问题曾困惑过，很多家长也思考

177

过。然而，要真正地回答这个问题，需要了解孩子学习动力的发展规律。

起初，所有的孩子都是从被动学习开始的。孩子第一次走路、第一次抓握、第一次说活、第一次数数、第一次识字，都是在成人的引导下开始的。这些都是孩子成长必须具备的实用技能。

随着孩子逐渐长大，他们的学习内容和学习领域逐渐扩大，孩子来到了群体之中，并且在人际交往中进行学习。这个阶段，孩子会因为学习成绩得到老师和家长的奖励，获得认可，被同学羡慕，有时候会因为成绩建立更好的人际关系。通过成绩获得的成就感和价值感让孩子逐渐适应了环境，发展了社会性。这个时候，孩子会逐渐喜欢上学习。家长也要注意帮助孩子积累学习的成就感，让孩子从被动地学习转化为主动地学习。

然后，家长需要提升孩子的格局，扩大孩子的视野，让孩子看到学习能够发挥出更大的价值。家长要通过内在唤醒，唤起孩子主动学习的强大动力，培养孩子的责任感，树立为社会做出贡献而学习的理想。

孩子一开始对学习的过程、外在形式、外部活动感兴趣，随着成长，才会过渡到对学习内容感兴趣，并且对有挑战性的学习任务感兴趣。家长需要遵循这个内在发展规律来调动孩子学习的主动性。如果违反了这个规律，或者局限于学习就是为了上大学，是难以调动孩子的内在力量的。

可是，生活中还有很多孩子想要成绩好，因找不到正确的方法，付出了很多努力却没有达到想要的结果。

如果孩子已经长大，并且成绩比较差，那么家长需要调整策略，以调动成绩较差的孩子的学习动力。

第一，给孩子定一个容易达成的学习目标。很多家长会给成绩较差的孩子定一个最终要达到的目标，可是那个目标太远太难，会使孩子不断地受挫，不断地打击孩子学习的信心。因此，一定要给孩子定一个容易达成的小目标，例如，从孩子每天做两道数学题开始，从孩子把考试分数提高到 50 分开始。也许这个目标并不能让孩子和家长满意，但是逐渐地累积成功，才会让孩子建立起学习的成就感，才能够带给孩子学习的动力。这个时候，家长需要给孩子一些肯定："你要是达成了这个小目标，一定会很高兴，爸爸妈妈看到你高兴也会高兴。"家长要注意话术的表达，学习是孩子的事情，学习进步，高兴的是孩子，而家长是因为看到孩子高兴而高兴。

第二，珍惜目前孩子成绩较差的状态。经历过成绩差的孩子，当获得较好成绩的时候，内心的体验感也会不同。他们会知道自己的状态是可控的，如果出于种种原因再次成绩下滑，孩子不会手足无措。此时孩子的自我认可和自我掌控感都会提升。

第三，跟随孩子的学习情绪，引导情绪的流向，转换为学习的动力。每个孩子在不同阶段面对学习的时候，情绪感受都是不同的。同样地，当孩子因为当前的情绪状态而失去对学习的兴趣时，家长要学会承载孩子的情绪和感受。

有一个高三的孩子，有一天找到家长说自己不打算高考了，决定创业，开一个卖榨果汁的店，他对自己的创业计划很有信心，并且认为这个创业计划完全不需要大学学历，甚至认为读大学会浪费自己的时间。家长一筹莫展，带着孩子找到我。

我发现孩子现在的心思都在创业上，于是和他从创业聊起，询问他的创业计划，并根据自己多年的工作经验与孩子进行交流，我询问孩子怎样保证资金链、如何减少成本、如何增加产品的核心竞争力、怎样对产品进行运营，等等。结果聊着聊着，孩子发现自己现在的创业计划还不完善，如果把目标用户群体设定为大学生，成功的可能性会比较大。于是我又向这个孩子介绍大学生创业扶持计划，如何寻找合作伙伴。最后这个孩子打开门对家长说，要继续参加高考。

第四，重塑孩子和书本的感情。学习成绩比较差的孩子，他们对学习已经感到厌倦，一看到书本，产生的都是负面的情绪，此时需要重新调整孩子和书本之间的感情。有一次，我让一个成绩很差的小学生在纸上写下对书本的感受，用五个不同的词来表示，孩子很快写好了，之后我又让孩子写了五个词。而孩子写下的词基本上都是：烦、讨厌、不喜欢、累、妈妈的脸、成绩差、不及格……这些都是孩子对书本的情绪。

作为家长，你对于书本的感情是怎样的？你会写下哪几个词？要重塑孩子和书本之间的感情，一方面，家长要建立起对书本的积极感情，家长要热爱读书才能感染孩子；另一方面，要增强孩子学习的信心。当我让那个孩子写下对书本的联想词之后，我也分享了我的联想词，我告诉孩子，我的联想词也是一样的，但是我和他有一点不一样，就是我在努力地做一件自己不喜欢的事情，然后和孩子分享做这件艰难的事情给我带来的乐趣。我使用幽默的语言，引用有意思的故事，孩子像听故事一样在听。只有当对话有意思的时候，孩子才会听进去。

第五，重建孩子对学习的认知。学习成绩想要取得进步，需要从不会的地方着手，然而孩子有时候并不清楚自己哪里不会。**孩子的学习，宁要精准的错误，不要模糊的准确**。只有知道现在的自己处在台阶的哪一级，才能够走上更高的台阶。例如让孩子随便翻开一页英文书，快速地把不会的单词挑出来，这样就可以知道孩子的学习现状。能够认清自己也是一件值得自豪的事情。有的孩子会说我都不会。这时家长不要着急，要继续鼓励孩子：**"现在不会的有这么多，这样咱们只要努力就可以提升学习成绩了"**。

无论孩子现在的学习成绩如何，都一定要给予孩子信心。这就是孩子对学习的动力。要让孩子意识到，学习是自己的事情，家长可以为我提供帮助和支持，爸爸妈妈都相信我可以做到。不要对他人说"孩子就是不爱学习，缺少学习兴趣和动力"之类的话。

学习方法：教孩子提高学习效率

所谓"工欲善其事，必先利其器"。要想帮助孩子提高学习效率，我们一定要帮助孩子找到正确的学习方法。

每个孩子都有适合自己的学习方法，例如，做笔记时，有的孩子习惯大声诵读，需要声音协助记忆；有的孩子习惯一边默读一边记录重点，在书中用各种记号做标记。如何帮助孩子寻找到适合自己的学习方法？可以从以下几个方面着手。

其一，分享家长自己的学习方法。

在帮助孩子寻找适合自己的学习方法的过程中，家长可以把自己的学习方法分享给孩子，不过要注意，是分享，而不是提出要求，因为家长的方法并不一定适合孩子。分享家长的学习方法有两方面的作用：一是让孩子知道，爸爸妈妈是有很多办法的，不管孩子要不要采纳，需要的时候都可以来询问爸爸妈妈；二是家长的方法能够启发孩子探寻适合自己的方法。有时候孩子会自己尝试一些方法，但是有的成功，有的失败。这个探索的过程，需要参考各种经验。

其二，听从专家的建议。

如果家长缺少适合的学习方法，或者家长与孩子的个性、学习方式差异很大，家长也可以和老师多沟通，重视专家的建议。毕竟，家长眼中孩子学习的样子，与专业人士眼中的是不一样的，专业的分析能够帮助家长梳理对孩子学习的认知。

其三，重新塑造孩子的学习能力。

学习并不局限于书本知识，我们也可以在生活技能方面锻炼孩子的学习能力。例如，家里购买了新的家具，让孩子按照说明书自己研究使用或组装方法，这也是一种学习的方法和途径。**家长不仅要重视课本知识的积累，还要注重生活中的学习**。生活中的学习可以唤醒孩子学习的兴趣，很多时候孩子还会把经验迁移到课堂学习中。

当全家出去旅游，住在酒店里，发现房间里的卫生纸没有了时，很多家长会直接和前台沟通处理，其实这个时候，正是锻炼孩子生活技能的好机会，完全可以让孩子去沟通，打电话到前台或者直接下楼面对面沟通。这些生活中的小事不仅能启发孩子寻找解决问题的方法，同时也能增强孩子的成就感，而这些经验都可以让孩子在课堂学习中发挥出来。

其四，强化学习方法在学习中的重要性，将孩子遇到的学业难题归因于缺少方法。

这样做，是为了让孩子积极地探索解决问题的方法，而不被问题本身困住。

很多家长都经历过孩子拿着作业来求助的情况。有一次，我的小女儿拿着自己的作业本来找我，一边撒娇，一边抱怨："爸爸，这道题太难了，我不会做，你说怎么办呀？"

面对这种情况，家长错误的表达是："难吗？我们来看看。确实难，你不会？我们再一起念念，你是不是上课没有好好听？我也不会，让我们再一起看看，再读一遍，再想想，我相信你一定能解决。"

家长的正确表达是："不是这道题难，也不是你笨，是你还没有找到解决这道题的方法。如果你愿意，我们一起来

研究一下。"

前者的表达之所以错误，是因为孩子确实不会做，家长却一直强调让孩子再看看。"相信你，再想想"是无法补充孩子缺失的知识的。而且，如果家长一直强调这道题目难，就会让孩子在心中形成题目很难，做不出来的印象。当再次遇到问题，孩子首先想到的还是难。等孩子长大，会复制这段经历到自己的工作和生活中，认为事情很难，常常不知所措。

后者的表达之所以正确，是因为淡化了问题的难度，将

大多数孩子学习成绩差，是因为孩子把能量消耗在了学习之外的事情上。

提升孩子学习力的三大法宝：

1. 为孩子营造温暖、包容的家庭环境。

2. 必须找到一个在学习力方面支持孩子的人。

3. 当孩子情绪有问题时，身边有疏通他情绪的人。

孩子的注意力放在寻找方法上。而且这句回应还确认了孩子的准备情况，如果孩子没有准备好，他可以说"不愿意"，家长要尊重孩子，此时教育时机还没到，不要过多干涉。如果孩子准备好了，孩子会说"愿意"，并且和家长一起寻找答案。

在养育孩子和引导孩子的过程中，教育时机很重要。否则，就算家长主动示好，孩子不领情，也领悟不到，家长的主动关心也不会得到回应。

当孩子领悟到寻找方法在解决问题中的重要性时，他会将这个方法运用到生活中。在日后的团队协作中，成为勇于面对工作中的难题、具有领导能力的人。孩子也会将这段话说给自己的团队听："伙伴们，这并不是一道无解的难题，感到困难也不是咱们笨，之所以现在犯愁，是因为咱们没找到合适的方法，如果咱们能找到方法，做好相应的分工，进行协作，很快就能把这件事办成。"

用错误的方式教育长大的孩子，容易在工作中受挫；按照科学的方式教育长大的孩子，能够运用家长教导的方法迎接挑战。对孩子学习能力的培养，也是培养领导力的过程。

其五，提高孩子的记忆能力。

学习不一定是为了考试，但是复习一定是为了考试。孩子学得好，不一定考得好，但是会考试，成绩一定能好。很多家长总是认为孩子学得好才能考好，其实不然。孩子的学习能力和学习成绩之间不一定呈正相关。如果孩子在平时积累了很多学科知识，但是考试的时候紧张，不擅长举一反三，很可能成绩不理想。

不过，在学习的过程中，如果记忆能力好，对于很多学科来说，是很有利于取得好成绩的。因此，如果孩子还没有找到其他适合自己的学习方法，那么提升记忆和背诵的能力，也是提高成绩的一个方法。

要提升记忆能力，有三个具体的步骤，首先，对要记忆的内容进行分层，然后找到每层的核心词汇，并且建立核心词汇之间的逻辑关系。其次，用通俗易懂的话把它表达出来，做到眼中有字、脑中有图、心中有数。最后，也是最重要的步骤，那就是调整角色，背诵的时候，将自己代入这段话的主语，把自己从一个背诵者转变为话语的讲述者。

提醒孩子，在读书的时候就要提前做好准备，某个知识点有可能未来会考到，要提前留下回忆的线索。在考场上看到相关题目，不知如何解答时就去回忆曾经学习时，留下的记忆线索。强化对线索的记忆，强化对知识的提取能力。

其六，在总结的时候，将经验和问题指向具体的操作。

很多时候，家长在陪孩子总结错题的时候，得出的结论往往都是过于粗心、马虎大意、审题不认真、解题不仔细。不认真、粗心是态度，难以从实操上改进。但是，如果将问题归因于解题不熟练、记得不牢固，那么接下来孩子就会有具体可操作的改进方案。孩子会多做练习以保证更熟练地解题，会改善记忆方法，增加背诵的频率。

家长引导的方向直接决定了孩子的努力方向。在帮助孩子探寻学习方法的时候，家长不能替代孩子，强制要求孩子按照某种方法学习，同时也不能完全放任孩子采用错误的方式，需要引导孩子积累和尝试，从具体可操作的方式着手。

孩子遇到问题就苦恼不安，多半是因为家长没有引导孩子学会正确地表达感受和管理情绪。

当家长不懂得如何去引导孩子时，那就先做教育观察者，管理好教育情绪，规范教育语言，做好教育回应。

学习习惯：让孩子积极自觉地管理学习

学习是孩子自己的事情，养成良好的学习习惯能够帮助孩子积极自觉地管理自己的学习。

生活中，很多孩子做事拖拉，不论是自己的生活还是学习都一团乱。其中的原因主要有三个方面：主观原因、客观原因、孩子和家长的原因。

主观方面，孩子对自己要做的事情没有心理需求，不感兴趣，所以不愿意去做。家长往往对此感到很困惑，在家长眼中，学习是很重要的，为什么孩子会没有心理需求呢？这是因为在很多家庭中，很多孩子认为学习是家长的事，是老师的事，自己是为了让他们满意才努力学习的，所以不感兴趣。因此，**家长必须让孩子明白，学习是孩子自己的事情**。

要做到这一点，就需要把学习和孩子关心的事情结合起来。简单来说，一方面，让孩子在学习中可以获得奖励、赞许和认可；另一方面，让孩子意识到学习对他的成绩和成长是有帮助的。

此外，孩子对家长的管教总是消极对抗。孩子的时间观念比较差，而家长也没有成为良好的榜样，因此孩子没有养成好的学习习惯。

客观方面，是由于孩子天生的气质类型导致了孩子的行为特点。古希腊医生希波克拉底将人类的气质类型分为四种，分别是多血质、胆汁质、抑郁质、黏液质。

多血质的人活泼、敏捷好动，能够很快适应新的环境，在学习和工作中精力充沛；胆汁质的人热情、急躁、坚毅，但易感情用事；抑郁质的人比较敏感，情绪的体验比较深刻、持久，小心谨慎，优柔寡断；黏液质的人比较安静，行动缓慢，恪守既定的秩序，不灵活。不同气质类型的孩子在学习和生活中会有不同的行为反应。而大多数黏液质的孩子做事比较纠结，容易拖拉。

家长要了解自己孩子的气质，理解孩子的天性。**在有些**

事情的处理上，孩子的天性如此。 家长需要结合孩子的气质特点引导其养成适合自己的自律的学习习惯和方法。如果孩子进入高年级还没有养成良好的学习习惯，那说明孩子在成长过程中缺失了家长的引导。家长需要从头开始，重新培养孩子的学习习惯。

亲子双方方面，通常是因为家长的沟通方式导致孩子没有形成良好的学习习惯，催促性、指责性的语言往往使孩子厌烦、产生紧张感，进而导致行动混乱、迟缓。代办型家长，往往导致孩子缺乏自理、自立能力。正是由于家长的包办，孩子做事才会做不好，当要做一件新的事情时，孩子会因为担心做不好而不敢做，进而导致家长再次批评，如此往复。还有的家长情绪不稳定，很容易急躁、催促孩子，时间一长，孩子就对这种催促产生了"抗体"，不管家长怎么催，孩子都没有反应。

其实，孩子做事没有条理，是想要表达自己的需求没有被家长看见，孩子往往通过做事拖拉来对抗家长的催促。

那么，该如何培养孩子的时间管理能力，让他们养成良好的学习习惯呢？

孩子的时间管理能力是在一定的学习目标的指引下培养

起来的。孩子知道要怎么做，也需要知道这样做能够达到怎样的目的，即家长需要事先和孩子确定一个学习目标后再进行时间管理的培养。

为了帮助孩子制定目标，家长需要和孩子一起探索、商讨，并锁定最后的目标；帮助孩子发现自己的优势并锁定实现目标的能力，以便孩子发挥出相应的优势和能力；同时，家长还要和孩子商讨一个具有吸引力的反馈机制，当没有完成目标的时候，需要接受惩罚，当执行到位的时候，可以得到嘉奖；最后，家长还要帮助孩子制订计划，协助孩子迈出执行计划的第一步，让孩子感受到家长的支持和信任。

制定好目标之后，家长可以通过接下来的方法提高孩子的时间管理能力。

第一个方法，在家庭中制定一日流程，模块化管理孩子的时间。

孩子的一日时间可以分为九个模块。

第一个模块：孩子早起到孩子上早自习；

第二个模块：早自习；

第三个模块：早餐；

第四个模块：上午；

第五个模块：中午；

第六个模块：下午；

第七个模块：晚餐；

第八个模块：晚自习；

第九个模块：晚自习下课到晚上睡觉前。

提前明确好哪几个模块学习、哪几个模块休息，孩子就能够清晰地看到自己的时间，不论做什么都是清楚明白的。如此，还可以避免亲子之间关于是否进行学习的争论，家庭中常常发生的对话就是：

孩子说："我学习了！"

家长说："你根本没学！你学得太少了！"

这就是家长和孩子之间缺乏明确清晰的规划导致的。

第二个方法，单位时间内提高效率。

以一堂课的时间为例，在开始 45 分钟的自习之前，提前做好规划。

第一步，制定单位时间的目标，这节课、这段时间我要做什么。例如要做 2 套卷子、要背 3 篇文章、记住 50 个单词等。目标越具体越好。好的目标是可以度量的，是能进行结果评估的。

第二步，想想怎样完成这个目标，即完成的路径。是一边做题一边核对答案，还是只要完成所有卷面题目就可以？课文要背诵到什么程度？如何记忆 50 个单词，是通过默写，还是通过文章的联想？

第三步，提前五分钟结束。如果是规划 1 个小时的学习时间，要提前 5 分钟完成学习目标。用这 5 分钟进行一个自我评估，检验一下完成的结果。提前 5 分钟，不仅给孩子的学习明确了一个时间节点，同时还对孩子的学习速度提出了要求。如果孩子带着平时预留 5 分钟的做题习惯进入考场，考试时就不会慌乱。

第三个方法，充分使用日历。

这个方法需要孩子自己在白纸上写下一个月的所有日期，然后标注上每天的学习目标。每天晚上对当天学习情况进行复盘，这一天努力学习了，完成了预定目标，则画上一个圆圈；如果没有完成预定目标，则画上一个方块。很多孩子会记不清楚自己的时间是怎样度过的，那么就从今天开始记录，每天临睡前，在这一天的日历上画上圆圈或者方块。当一个月结束，孩子再次回看的时候，会清晰地知晓自己的时间花在哪里。如果自己完成了全部的每日的目标，孩子会很有成就感；如果一直没有完成目标，孩子也会感到不安。

手绘日历还可以帮助孩子制订和执行考试复习计划。假设，孩子 17 号上午考科目 A，下午考科目 B，18 号上午考科目 C，下午考科目 D。那么首先让孩子把 17 号和 18 号做好标记。然后将 16 号的时间以中午为界进行划分。16 号的下午全力进行科目 A 的复习，16 号的上午全力进行科目 B 的复习，15 号的下午进行科目 C 的复习，15 号的上午进行科目 D 的复习，并依次向之前的时间推进，安排好 14 号、13 号、12 号上下午的时间，直至倒排到现在的时间。这样孩子就知道每一天的任务，从而制订清晰的计划。

很多家长会建议孩子在考试之前放松、休息。然而这并不是一个很好的策略。**在考试之前，要增强孩子与知识之间的黏性**。让孩子做到临近考试依旧在看书。这样，孩子对于知识会有一种成竹在胸的熟悉感，考试也会更正常发挥。

培养孩子的时间管理能力，让孩子养成良好的学习习惯，能够帮助孩子不断进步。

学习氛围：为孩子的学习提供空间助力

学习是一种行为，任何一种行为背后都有相应的心**理支持和原因**。当孩子出现行为偏差和学习问题时，我们要看到孩子行为背后的情绪原因，并从认知的高度进行探寻。

"快乐地学习"是一个很好听的说法，快乐是一种情绪。要改善孩子的学习状态，使孩子快乐地学习，需要孩子带着价值感去学习，即增加孩子对学习的认同感、成就感。

家长还可以通过营造学习氛围，为孩子的学习提供空间层面的助力，即家长要帮助孩子布置一个独立的学习空间，承载孩子学习的能量。

第一，打造舒心的桌椅布局。

桌椅布局的原则是让孩子感到舒服。因此家长可以带着孩子去选择自己喜欢的桌椅作为学习书桌。不要过多地干涉孩子的选择，而是以让孩子舒服为先。

在摆放桌椅的时候，注意不要让孩子的椅子背向门口，即孩子坐下的时候，背不要对着门。孩子随着年龄的增长，并不喜欢家长随时进入自己的空间，孩子对此会感到紧张。而且很多家长会在孩子学习的时候，时不时地进来送杯水，送点水果，打着关心的名义，想要监督孩子的学习或者作业进度。不论家长是否带着监督的目的，孩子都会有一种被监控的感觉。因此，孩子会一直处于紧张的状态。尤其是背对门口时，孩子不知道家长什么时候会进来，就会在学习的时候分心，无法集中注意力。

如果现在的桌椅布局已经不能更改，那么家长要在家中定下一个规矩：不论是谁，逢进门，必敲门。家长尤其要有这样的习惯，即便孩子房间的门虚掩着或者敞开着，家长也要敲门并且说："我要进来了。"得到允许之后再进入。

家长还可以在孩子的学习空间里放置一块地垫，一块能够被桌椅覆盖住的地垫。地垫的触感和地板的触感是不同的，当踩到地垫上的时候，孩子会意识到自己进入了不同的空间。同时这也是一种提醒和心理暗示，告诉孩子，现在进入学习空间，需要做好学习准备。

第二，布置高效的学习桌面。

桌面布置原则是简单。桌面上只摆放和学习有关的物品，并且分门别类。检验孩子目前的桌面是否达到标准，可以让孩子现在从书桌上拿来一只胶棒，如果孩子找不到，那么需要重新进行整理。

此外，孩子不同学科的资料、不同的学习用具，使用不同的袋子装好，使用哪一个就拿出哪一个。在桌面上也划分不同的区域，不同的区域摆放不同的盒子、不同的收纳袋。引导孩子形成归位意识。从哪里拿出来的东西，用完之后还要放回原位。书包里的东西也按照类别用不同的袋子装好。

这种秩序感有利于孩子养成良好的收纳习惯，形成自我管理意识，也有助于孩子发展逻辑思维能力。

装饰需要能够唤醒孩子内心的能量。只要是孩子喜欢的、能够带给孩子激励的装饰，都可以张贴。例如孩子自己制定的时间管理表、梦想导向图、孩子喜欢的明星、孩子向往的大学的照片等。也可以布置一些具有艺术气息的装饰，例如孩子自己的手工或者绘画作品。总体原则以简单、简洁为主。

在布置孩子学习空间的时候，有三个注意事项。

第一，不要在孩子的学习空间内批评孩子。

很多家长习惯在孩子的书桌前批评、数落孩子。孩子一边听着，一边落泪，泪水有的时候就滴落在自己的书本上，这会给孩子形成非常糟糕的伴随情绪。

人们在沟通的时候，传递出去的不仅是语言和声音，还有情绪。情绪会弥散出来，充斥在空间里。当家长在孩子的学习空间和生活空间与孩子发生了冲突和矛盾，那些委屈的、悲伤的、难过的负面情绪就会弥散在空间里。当孩子在这里学习的时候，会联想起那些糟糕的情绪，影响对学习的感受。

家长可以在家里专门开辟一个批评孩子的空间，例如阳台。这里即便让孩子产生了不良的情绪，也会逐渐消散，不会产生持续性影响。

第二，千万不要让孩子养成一边看书一边吃东西的习惯。

根据人体和大脑神经系统的结构特点，主管心脑血管系统和胃肠系统的分别是两种神经系统，当其中一种痛经系统兴奋的时候，另一种痛经系统的功能会受到影响。当一个人吃东西的时候，工作的主要是胃肠系统，人体大量的血液供给会涌向这里，这时大脑的工作会受影响。孩子一边吃东西一边学习，结果只会是饭没有吃好，学习也没有效率。

第三，尽可能让孩子按照自己的喜好布置的学习空间。

孩子喜欢自己的学习空间，要比这个空间本身的意义更重要。如果孩子不喜欢这个书房或者学习空间，排斥这里，就不能安心地在这里学习。

要让孩子喜欢这里，就要让这个空间里多一些孩子喜欢的东西。在学习书桌附近留出属于孩子自己的空间，这个空间可以让孩子完全按照自己的想法布置。空间里所摆放的东西，不经过孩子的允许，家长绝对不能碰触。家长也可以在这里设置一个玩的区域，例如和孩子制作一个室内的小帐篷或者纸房子，让孩子一看到就开心。

有一次，我想要买一个鱼缸，在逛花鸟市场的时候，几乎所有的老板都直接谈尺寸和价钱。只有一个老板，在介绍鱼缸的时候，会情不自禁地抚摸它，顾客想要触摸的时候，老板还会制止，告诉顾客触摸的角度。这让我觉得这位老板对店内的东西都很用心。于是我选定了这一家的鱼缸。

家长也需要把孩子的这个学习空间营造成孩子愿意投入情感的空间。让孩子愿意向每一个走进这个空间的人主动介

201

绍每一个布置。

在营造的过程中，家长还需要做到共同设计、共同布置、共同维护。在孩子学龄前，即 6 岁之前，家长的很多教育行为都是单方面的指导和带领。在孩子上小学之后，家长需要转变原有的教育模式，即家长和孩子共同协商的模式。

随着孩子年龄的增长，孩子逐渐形成了独立的自我意识，有了属于自己的喜好，对世界开始产生自己的看法和判断，开始想要属于自己的独立空间。对于自己的房间，孩子有很多想法。家长应该鼓励孩子在布置和设计的过程中提出自己的想法和建议，引导孩子积极参与，孩子的参与感本身既是一种教育方法，也是对亲子关系的促进。在这个过程中，孩子还会感受到来自家长的认可和肯定。

通过这些，家长将和孩子共同打造出一个家庭能量源。这个能量源会持续不断地释放出能量，助力孩子的成长。学习空间不仅是一个放置学习桌椅的地方，还会成为孩子自我独立的起点。孩子在这个空间留下的温馨而美好的记忆将陪伴其一生。

不要在孩子的学习空间内批评孩子。不要让孩子养成一边看书一边吃东西的习惯。尽可能让孩子按照自己的喜好布置的学习空间。

第七章

为孩子的成长保驾护航

本章总结孩子成长过程中最容易出现的成长挑战和危机，并给予家长直接的方法指导。

当孩子被欺负时，家长应该这样做

当孩子放学回来对家长说，自己在学校里被欺负了。家长首先要克制住自己的情绪反应，不要代入孩子的委屈，同时告诉自己，让孩子建立安全感的时机出现了，然后遵循正确的方法来处理这件事。

第一步，和孩子聊事实、聊感受。

让孩子详细地说一说发生了什么事情，表达出自己的情绪与感受。这样做，一方面可以了解发生了什么事，另一方面也可以引导孩子进行情绪表达。当孩子能够将情绪表达出来或者哭出来，负面情绪的影响就会减弱很多。

与孩子聊他的经历，也是让孩子直面问题的过程。无论我们做了多少准备，都不可能预防一切危险和挫折发生，如果我们不能避免这些事情，那么我们应该鼓励孩子勇敢地直面一切。

第二步，询问孩子，打算怎么办。

很多孩子会给出夸张的、不现实的解决方案。他们可能会说要把学校炸掉，要带着人把对方狠狠地揍一顿等。家长不要否定孩子，也不要制止孩子。这是一个人在情绪激动的状态下冲动的反应。

家长可以使用接话技术，接住孩子的感受，继续和孩子聊：**"你的想法还真是比较独特，那我们讨论一下，到哪里能找到炸药呢？如果炸掉了学校，其他的同学、老师都会受伤，而且警察也会把你和爸爸妈妈都抓起来，这样的代价可不小呀！你愿意吗？"**

孩子这个时候通常都会说"自己就是那么一说，不可能真去做的"。家长可以继续鼓励孩子说出其他的解决办法。

这个过程的真实目的并不是让孩子自己寻找办法，而是让孩子感知到家长和自己是站在一起的。无论孩子是否有解决的办法，都不要指责或挑剔孩子，否则孩子只会更胆小，更加缺乏自信。

第三步，给予孩子力量。

家长可以询问孩子："你的办法都说完了，要不要听听我的办法？需不需要我来给你出头？" 家长甚至可以说出一些狠话，比如告诉孩子："有爸爸妈妈在，谁都别想欺负你，不然他们一定会付出代价。"

这些话是在向孩子传递，父母永远是孩子的后盾，这个过程也可以帮助孩子建立安全感。

无论何时何地，我们都要给孩子铺一条回家的路。

如果孩子说的欺负只是同学之间的玩笑打闹，孩子会阻止家长："哎呀，你们不用去，你们去就把事情弄复杂了，还是我自己来解决吧。"接着，家长可以和孩子一起讨论，应该怎样和对方沟通，怎样去处理。

如果孩子说的欺负是孩子自己解决不了的，那么家长需要站出来维护孩子，可以通过老师约对方的家长一起到学校沟通。很多时候，老师会从中调和，认为两个孩子都有错，不需要把矛盾升级，家长也需要和老师说明，这次约见并不是为了挑起事端，是因为孩子有了不好的感受，影响了孩子在学校的学习，希望能够见见对方家长，一起了解事件的真相。**家长一定要在情感上与孩子站在一起，道理上与老师站在一起**。约见对方的家长并不是为了争个高低上下，而是为了帮孩子建立安全感。

见到对方家长时，如果对方家长讲道理，愿意把事情说明白，并且向孩子道歉，那么家长可以就此化解矛盾。这其实是在向欺负人的孩子传递信息，他的行为是会被自己的父母、老师知道的，并且是不被允许的，以后不可以再做这样的事。

如果对方家长蛮不讲理，那么家长需要严肃认真地和对方说明事件的性质，比如孩子被打这件事，简单点可以认为是两个孩子闹着玩，严重点理解就是校园欺凌，是违法行为，是可以报警处理的。家长要以强硬的态度和坚决的话语表明立场，给自己的孩子传递更多的支持和力量。

第四步，给孩子提供具体的支持。

告诉孩子，如果下一次对方还是故意欺负自己，就要立马告诉老师和家长，要在当下大声地说："你又来欺负我，所有的同学都可以给我作证，我现在就去找老师解决这件事。"然后立刻离开。

孩子的力量很小，在遇到危险时，需要学会求助。孩子不求助，往往是因为家长传递给孩子的求助意识不足。家长要引导孩子进行有效的求助，教会孩子自我保护的方法。这样才可以避免孩子再次陷入被欺负的情境中。

当孩子有情绪时，家长应该这样做

第一步，认清孩子情绪背后的真相。

如果家长对孩子的问题缺少正确的认知和理解，无论家长采取什么方法，都无法真正地应对这个问题。当孩子有情绪时，背后往往隐藏着两个真相。

其一，一个人无论产生什么样的情绪反应都是正常的。也许这个情绪感受和其他人的不同，也许相对更加强烈，也许这个情绪中包含了多种相互对立的情绪，这些都是正常的。因此家长一定要接纳孩子的每一种情绪反应。可能一件事情发生后，家长和孩子体验到了完全不同的情绪，家长一定不要否定或批评孩子，因为情绪是一种主观感受，而每一种感受都应被允许存在。

其二，当孩子爆发极端的、激烈的情绪反应，例如摔东西、大喊大叫、气愤、哭到声嘶力竭，甚至推搡每一个靠近自己的人时，家长应该意识到，这时的孩子需要提升的是心理建设能力和负面情绪的消化能力。家长要做的是帮助孩子成为问题解决者而不是情绪发泄者。

第二步，给予孩子充足的情绪发泄时间。

在保证孩子安全的情况下，让孩子和自己的情绪待一会儿，等待孩子把自己的情绪释放出来。家长可以静静地坐在一边，也可以在孩子的身边做家务，并且让孩子知道我们在关注着他、等着他，但是不会阻止他，也不会干扰他。当孩子意识到自己要做的事都在家长的注意范围内，他们会感到安心，也会有安全感。

第三步，修复情感。

把孩子释放情绪大闹时弄坏的东西收拾起来，把弄乱的物品整理好。**修复孩子内心的过程很像收拾破碎物品的过程。**

第四步，注意自己的对话态度和对话重点。

当孩子情绪稳定之后，家长要蹲下身，与孩子的视线平齐，身体前倾，呈现出关心、关注的姿态，再与孩子进行对话："孩子，你现在的情绪稳定了一些，我们聊一聊吧。假设刚才什么都没有发生，你愿意告诉我你的想法是什么吗？你想怎么办？"

有的家长平时也会等待孩子自己停止哭闹，做法却是跷着二郎腿，刷着手机，甚至时不时地笑几声。当发现孩子不哭了，家长依旧一副趾高气扬的样子，仰着下巴说："你说说吧，怎么回事？"

面对这两种父母，在前一种情境里，孩子会和家长断断续续地说出自己的真实感受，在后一种情境里，孩子会冷哼一声，说上一句"说了你也不懂"，然后转身走掉。

要知道，家长这时候的做法是为了与孩子共同解决遇到的问题，而不是为了嘲讽孩子不成熟的情绪管理能力。

第五步，缩短与孩子之间的物理距离。

缩短与孩子之间的物理距离，就是在缩短与孩子之间的心理距离。家长要与孩子在同一个空间里，逐渐地靠近孩子，例如拍拍孩子的肩膀，坐在孩子的身边。如果孩子在负面情绪里，很抗拒家长的靠近，家长可以通过做家务，例如拖地，慢慢地来到孩子的身边。当我们拉近和孩子的心理距离时，也就建立起了孩子对我们的信任。

此外，家长还可以通过关心孩子有没有受伤以及孩子的现状，来缩短与孩子之间的心理距离。例如家长可以拉起孩子的手，询问孩子刚才扔东西、拍桌子的时候，声音很大，手都红了，是不是很疼。**在对孩子的教育过程中，关注孩子本身是最重要的。**

第六步，求同存异，认可孩子的一部分说法。

无论孩子说了什么，家长都要寻找其中可以认同的部分，认可孩子的想法和做法。例如家长可以说：**"你愿意为了寻找解决办法努力思考，这是很好的。"**

如果当前的问题或冲突难以解决，或者不容易达成一致，家长要提醒自己，即便问题不能解决，也不能让问题升级。我们的目标是让孩子成为问题解决者，切不可让自己也陷入不良情绪中。如果大家争论不休，争相倾吐自己的情绪，家庭就变成了一个负面情绪的垃圾场，这只会让问题和冲突复杂化。

家长可以先淡化或搁置当前的矛盾，过几天再和孩子进一步沟通，探讨更完善的解决方案。

从今天起，我要驾驭自己的情绪，我要驾驭所有遇到的人、事、物。

我要收获一个圆满的人生。

父母会聊天，孩子更优秀

当孩子不上学时，家长应该这样做

第一，家长切忌使用"车轮战"说服孩子。

当孩子不愿去上学时，很多家长会去寻找老师、亲戚、孩子的同学等轮番去说服孩子，但是这会让孩子把双方的僵持看成一场战役，每来一个人来说服自己，孩子的内心就会更坚定一些，因为孩子认为在这场战役中一定要坚持到底，不能输。如果自己回去上学，自己就败了。

第二，家长要重新调整当前的教育目标，放弃"让孩子回去上学"，改为"修复情感，重塑关系"。

孩子不去上学已经是一个事实，家长要面对这个现实。孩子不去上学，只是他选择的一种行为方式，并不是他遇到了真正的困境。真正的困境还是关系的破碎。如果关系没有修复，孩子即使回到学校，也会出现其他更严重的问题。曾经有一个家长用尽各种手段逼孩子回到学校，结果孩子回到学校的第一件事就是写下了一封绝笔信。

家长此时必须将注意力放在孩子破碎的人际关系上，修复孩子的亲子关系、同学关系、师生关系，并给孩子一些时间去修复和重塑。

第三，如果孩子拒绝沟通和对话，就让孩子从点头和摇头开始交流。

孩子即便没有去上学，他的内心其实也正在承受巨大的痛苦。家长需要看见、接纳孩子正在经历的痛苦。尽管家长希望赶紧和孩子达成深度的交流，但是必须等待，循序渐进。如果孩子不说话，就和孩子从点头和摇头开始交流。

第四，如果这个时候孩子言辞激烈，大吵大闹，不尊重父母，那么可以先从一句一句地教孩子好好说话开始。告诉孩子："你要表达的内容我听清了，其实你说的话，我想了想是可以理解和接受的。但是你说话的方式、表达的语气，是我不能接受的，也是让我感到受伤的。"

然后，寻找与孩子之间的共同话题，从孩子愿意聊的话题入手。寻找共同话题的时候，家长要逐渐地降级让步，比如先询问孩子的兴趣，问问孩子想做会吗；如果孩子不回答，就询问孩子要不要一起去超市；如果孩子不愿意出门，就询问孩子要不要收拾屋子；如果孩子不愿意动，就询问孩子要不要吃饭……总会有一个话题，能够聊下去。在聊孩子感兴趣的话题时，家长可以收集相关的资料，例如，孩子感兴趣的那个领域有怎样的历史，其中的名人是谁，行业大事有哪些等。

第五，帮助孩子找到在家庭里的存在价值。

家长可以带着孩子参与家庭生活，例如参加朋友或者家族的聚会。家长要注意把谈论的话题放在家长自己的工作和生活上，避免让孩子成为话题的中心。生活是由多个部分组成的，上学虽然重要，但也不是人生的全部。家长要在家庭中寻找孩子存在的价值，帮助孩子树立信心。

有的家长会抱怨，这个时候哪还有心情考虑这些事？其实，家长平时不在意学习以外的事情，可能导致孩子出现学习上的问题。

第六，家长要放弃内心的执念。

放弃让孩子回去上学。可能家长会不理解，为什么要放

217

弃这个想法？这并不是告诉家长不要再为此努力，而要把自己看待这件事情的视角拓宽，重新认识这件事情，从行为背后的真相着手，才能真正解决问题。

放弃走进孩子的内心深处。如果家长曾经的方法都行不通，孩子的状态表明他在排斥家长走进自己的心，家长需要尊重孩子此刻的感受，接纳自己的不足，继续尝试其他科学的理念和方法。

放弃依靠自己的努力，向专业人士求助。很多家长在这个时候总是想着，自己一定要尽可能地找到解决方法。家长靠自己解决问题的执念会导致孩子的叛逆和不配合。

放弃孩子错了的想法，错了的人是家长自己。很多家长不能面对这样一个事实，即孩子出现问题，其实大多数原因在于家长。家长不肯接受自己那么多的辛苦换来的是这样的结果。

然而，养育孩子就是一件很难的事情，并不是每个人都能做好。即使家长在某个领域里取得了很大的成就，或者放弃个人空间和时间，全身心地投入孩子的养育过程中，也不能保证一切都按照预想的方向发展。孩子是一个独立的个体，家长需要尊重孩子的成长。

当孩子早恋时，家长应该这样做

恋爱是一个人身心发展到一定阶段后的正常行为。但是现在很多孩子在初中阶段甚至小学阶段，就出现了恋爱的行为。这时，家长需要对孩子做出正确的引导，家长要处理的是孩子不成熟的恋爱行为，以及早恋背后所揭示的家庭教育问题。

家长可以采取三种实操方法。

第一种，提高孩子的格局，拓宽孩子的视野。

很多年龄小的孩子之间的"恋爱"，通常是很幼稚的，可能因为对方好看，或者因为对方成绩很好，或者因为对方跟自己有共同的爱好，而错误地认为这种认同和吸引就是

"爱"，于是向对方示好，形成"早恋"。

孩子之间的相互吸引、相互欣赏是很正常的。如果我们能够引导孩子参与更多的活动，让孩子接触到更多有着优秀特质的同龄人，孩子很快就会被其他人吸引。家长不必做出任何指向性的说明，只需要给孩子提供开阔视野的机会，让孩子看到更多的人、更广阔的天地。

第二种，增加亲戚、朋友与孩子之间高质量的交流。

孩子早恋，可能因为内心爱的能量无法在家庭中流动。

孩子在成长过程中渴望关爱、关注和认可，然而很多家长对孩子的养育方式过于简单粗暴，比如批评多于夸奖，总是数落孩子做得不好的地方，导致孩子感受不到父母的理解。当孩子有了烦恼，家长不能及时给予支持，也无法识别和回应孩子的感受，甚至不会进行情绪、情感的表达。在整个家庭中，爱与情感是阻滞的。于是，孩子就会到家庭外寻找爱。

孩子早恋，可能是因为内心爱的能量无法在家庭中流动。

孩子渴望关爱，这是本能。如果家长不能给予孩子需要的爱，孩子就会在其他地方寻求爱。因此，如果孩子有早恋的现象，家长需要反思当前家庭中，亲子之间、夫妻之间、父母与老人之间的爱是如何表达的，是否夫妻总是各自玩手机，下班回到家也不说话、不交流？是否孩子放学回来，看不到家人欢迎的表情，也听不到问候的话语？

家长需要消除这些阻滞，在每天有限的时间里，有效陪伴孩子，放下手里的工作和手机，和爱人一起享受家庭生活，带着孩子和自己的朋友、家里的亲戚多交流，大家只是自由地进行情感互动，而不是进行孩子间的比较。全家人坐在一起讨论家庭中的事情，把对彼此的关心和关爱直接用语言表达出来。如果孩子能够在家人这里获得认同，就不会一味向外求助。

第三种，与孩子进行一场关于恋爱的正式对话。

爸爸跟儿子、妈妈跟女儿展开一场关于爱情和异性的正式对谈。**爸爸可以找到儿子说："儿子，爸爸觉得你长大了，我想作为男人和你来一场男人之间的对话，分享一下我们彼此关于爱情的想法。"妈妈可以找到女儿说："女儿，你已经到了有喜欢的人的年龄，妈妈想和你聊聊恋爱的话题，妈妈**

也想和你说说我的初恋，说说我作为年长的女性，现在这个阶段对于爱情的看法。"

当孩子听到这样的对话邀请，他们会有一种被尊重的感觉，也会觉得爸爸妈妈信任自己，愿意参与对话。而家长可以适当地讲述自己在这个年龄阶段的真实经历，适当地自我暴露。

在心理咨询的过程中，为了与来访者快速建立信任或减少来访者的阻抗，心理咨询师常采取自我暴露的方式。在教育孩子的过程中，家长也可以使用这样的方法拉近与孩子之间的距离。

针对早恋问题展开亲子沟通，并不意味着家长拒绝孩子长大，否定恋爱的意义。家长这么做，是向孩子传递有关恋爱的正确信息，例如区分什么是欣赏、什么是恋爱，了解恋爱中的责任、权利、义务，清楚恋爱关系的界限，以及如何维持一段恋爱关系。恋爱不是一场游戏，恋爱是人生中的一个重要经历，我们希望孩子能够有一天享受爱情的美好，避免过早地承担因草率的、盲目的恋爱带来的伤痛。

当孩子被霸凌时，家长应该这样做

首先，给孩子传递自我保护的意识。

家长要告诉孩子，在任何情况下，都不能允许任何人在孩子本人不允许的情况下推自己、碰自己。

我的女儿刚上小学，有一次放学回来，她对我说，校车上有人推她，她很难受。我们并不清楚校车上发生的事情到底是小孩子之间的无意玩闹，还是有意欺凌。孩子还很小，还无法准确地做出判断。因此，家长首先要教会孩子树立自我保护的意识。

我告诉女儿，下一次在校车上有人推你的话，你要大声地说："你不要推我！"女儿说，自己不敢。我说："没有关系，爸爸教你。"于是，我带着女儿做练习，让女儿在我面前重复说出这句话，鼓励女儿不断提高音量。第二天女儿很开心地等校车。

家长要教会孩子的是自我保护，而不是盲目地用暴力解决问题。小孩子无法识别具体情境，也无法控制自己的力量，推搡回去有可能引起更严重的后果。

其次，替孩子出头，成为孩子有力的后盾。

当孩子被霸凌时，家长必须第一时间出现在孩子身边，并通过老师约对方家长到校面谈。如果对方家长推脱，不肯出现，那么要明确告诉对方，这是校园霸凌事件，是违法事件，必须严肃处理和解决。要让对方家长意识到这件事的后果不是他们逃避见面就能消失的。

约见对方家长的时候，在必要的情况下，可以带上律师，留存就医诊断证明，同时报警。家长需要明确做这些是为了留存证据，而不是将事情闹大、一味泄愤。如果霸凌事件严重，需要经过法院的审理，那么第一时间的出警记录、诊断证明是最有力的证据。家长必须借助法律的力量处理这件事。

再次，要求实施霸凌的孩子公开道歉。

这个孩子必须在全班甚至全校学生面前、在他的家长面前，向我们的孩子道歉，且声音必须清晰、响亮。这是对这个孩子的警示，也是对所有孩子的警示。霸凌行为是错误的，不仅不道德，违反校规，也违反法律，即便是溺爱孩子的父母也不能袒护这种行为。这样才能杜绝类似事件再次发生。

同时，这也是对自己孩子的保护，让孩子意识到，他并没有做错什么，遇到霸凌行为时要勇敢地说出来，会有家长、老师、法律保护他、维护他。

然后，给予孩子具体的支持。

告诉孩子，下一次再遇到这样的事情，要第一时间告诉老师和家长，并且立刻离开现场。如果现场有其他同学在，孩子要大声地告诉同学们："他们又来欺负我，我现在要去告诉老师，你们都要为我作证。"

家长要引导并训练孩子大声地说出这些话。有家长的鼓励，孩子才会有勇气反抗，保护自己。

孩子的力量是很小的，很多时候需要求助身边更有力量的人，例如，当遇到不会做的题目时，求助会做的同学、老师，遇到欺负自己的人，也要求助身边其他的同学。求助是一个很正常的行为，家长要做出积极的引导。

最后，和学校、老师站在同样的立场。

有些学校可能考虑到舆论影响，第一时间选择的处理方法是将事情简化处理。家长必须和学校、老师进行沟通，达成一致，家长的所有行为针对的都是霸凌事件，是和学校一起保护学生，是为了留存必要的证据。在事件结束之后，家长可以对学校表达感谢，感谢学校对弱势学生进行保护付出的努力和做出的支持。

在处理孩子遭受霸凌事件时，家长的态度会成为孩子力量的来源。家长情绪化、吵闹、哭泣、思维混乱，无法有效解决问题，只会让事情更复杂，甚至走向失控。家长的每一个反应都是孩子学习的模板，有理、有据、有度、理性、强硬，明确要求，才能解决问题。

当孩子有网瘾时，家长应该这样做

第一步，家长需要认清孩子沉溺于网络背后的真相。

孩子有网瘾，和孩子沉迷于手机游戏的原因是相似的，可能存在这些问题：家庭生活单调、不幸福，家庭关系出现问题，父母之间经常爆发矛盾和争吵，家庭中有一个处理问题简单直接、方式粗暴、情绪管理能力很差的"钢铁侠"爸爸，一个曾经对孩子溺爱、纵容、包办一切，无助的、情绪化的、幸福感低的"焦虑侠"妈妈。这些孩子在网络世界获得的归属感、支持和满足感是他们在现实生活中得不到的，网络世界给予孩子的胜任力和成就感，是他们在家庭和学校里缺失的。

第二步，确认孩子是否愿意与家长沟通。

如果孩子现在不愿意和家长沟通，那么家长要做的是降低沟通的期望值，以修复夫妻关系或亲子关系为主，进而探寻孩子行为背后的真实原因。孩子出现问题，往往是因为关系出现了问题。

同时，让孩子承担部分家庭责任，找到可以沟通的话题。教育家魏书生老师说过，孩子在家庭中的第一要务是承担家庭责任。家长要让孩子承担家庭劳动，例如做饭、扫地、擦桌子等。**打扫卫生的过程也是清理心灵的过程**。在共同做家务的过程中，家长可以找到沟通的话题，从而改善亲子关系。

家长可以寻求第三方力量的支持，例如寻求心理咨询师和专业人士帮助自己和孩子。很多家长为孩子预约心理咨询师时，孩子是拒绝的，家长会觉得无助。其实，如果孩子不愿意接受专业指导，那么家长可以自己进行心理咨询。这并不是让家长替代孩子接受指导，而是让家长反省自己的不足之处。比如孩子沉迷于网络属于行为出现偏差，但是在现实生活中家长对孩子行为的影响最大。

第三步，做好和孩子沟通前的准备。

在和孩子沟通之前，家长也需要做出相应的准备。例如，和孩子约好时间和地点，进行一场正式的沟通。沟通的仪式感也能够奠定沟通的基调。与此同时，夫妻之间必须事先达成一致，即家长要和孩子进行一场平等的对话，而不是开"批斗大会"。在整场对话中，家长还要确保沟通氛围融洽。

家长要事先评估沟通风险。父母双方中比较情绪化的人要遵守约定，不发脾气，不哭泣抱怨。为避免这种情况影响谈话，父母双方可以事先约定好信号，一旦一方陷入情绪，另一方使用信号来叫停，这可以保证沟通有效进行。

此外，家长还需要商讨如何落实沟通结论和解决方案，以保证沟通效果能够持续发挥作用。

第四步，沟通要围绕五个要点。

要点一，和孩子多讨论孩子当前的学习和生活及孩子当下的感受。在这里，家长的沟通重点是收集信息、了解现状。这一点看似容易，却最难完成。家长要引导孩子用语言表达真实的想法和感受，这能避免孩子通过错误的情绪和行为表达。此外，家长还要控制自己的情绪，做到全程不评判、不指责、不生气、不动手。

要点二，和孩子讨论网络为什么对他具有吸引力。家长需要明确，网络的发展使我们的生活变得方便，不仅是孩子，大人也会被吸引。被吸引是人的本能，但是家长需要引导孩子明白被吸引的原因，同时告诉孩子要学会抵抗这种吸引。

要点三，帮助孩子提升使用网络的能力，全家一起战胜"网瘾"。网络是现代生活的必需品，孩子在学习和日后的工作中，都需要使用网络。家长要做的是引导孩子正确认识网络，正确使用这个工具，而不是一味禁止孩子使用网络。

要点四，询问孩子，为了更好地使用网络，家长做什么可以给孩子支持。这是在向孩子传递家长的认可，家长并不是反对或排斥孩子使用网络，家长只是希望自己能帮助孩子正确使用网络，避免"网瘾"带来危害。孩子得到父母的认可，也会愿意采纳父母的建议。

要点五，规划未来。家长要立足现在，规划未来，丰富家庭生活，持续不断地给予孩子更多的肯定与认同。家长对孩子的信任和期待，会转化为孩子提升自己和健康成长的力量。

当孩子爱撒谎时，家长应该这样做

有一天，一位妈妈接到孩子的电话。孩子在电话里说学校下午放了半天假，可是自己的自行车坏了，要修一会儿，等修好就赶不及回家吃午饭了，因为下午还想去图书馆看书，所以就不回家了，吃晚饭的时候再回去。妈妈放下电话之后十分生气，因为妈妈已经证实孩子在说谎，现在和同学们在网吧里玩。这位妈妈很想立刻出门，揭穿孩子，把孩子揪回来，就像之前自己一直做的那样。可是每次抓住了孩子，下一次，孩子还是会故技重施。

其实，要解决孩子说谎的问题，可以做以下三件事。

第一件事，要像"傻子"一样完全相信孩子，做好自己该

做的事。

即便知道孩子在说谎，父母也不要立即揭穿，而是要稳定自己的情绪，做好当前要做的事情。如果你在工作，就认真完成手里的任务；如果你是全职家长，就继续手头的家务；如果你正在和朋友聚会，就享受自己的休闲时光。

第二件事，和另一半提前沟通，让对方配合你吵架。

这场架要在孩子面前吵起来，并且一定要真实，不能让孩子发现是演的。

当孩子晚上回到家，妈妈先和孩子道歉："孩子，真是对不起，妈妈不会修自行车，也帮不上忙，你放假了，要去图书馆，结果还要花时间修自行车，连回家吃午饭也耽误了。"

当爸爸回来之后，妈妈要指责爸爸，开始和爸爸"吵架"："你什么忙都帮不上，孩子自行车坏了，还得自己修。修好之后，孩子还自己去了图书馆，孩子这么自立、有规划，你却拖后腿！"接着，爸爸妈妈两个人一起给孩子道歉："对不起，没有及时地帮到你。"

第三件事，照常整理孩子的房间，与孩子聊天，让事情过去。

吵架之后，照常吃饭，像往常一样和孩子聊天，帮助孩子整理房间，就仿佛下午的事情没有发生过一样。不要和孩子再主动讨论这个话题，也不要试图等待孩子说些什么。

这三件事的核心目标只有一个：激发孩子的羞耻心，但是不要揭开孩子的遮羞布。

说谎后，孩子心中是不安的，很担心被家长发现。结果孩子发现父母不仅没有发现，还十分信任自己，并且自己的谎话还引发了父母之间的矛盾，孩子内心的不安就会放大，甚至感到愧疚。而这份羞耻和愧疚，能够在孩子想要再次说谎的时候阻止孩子。

这其实也是在使用失衡技术，如果家长当下就批评孩子的说谎行为，孩子内心的不安很快就会消失，当下一次要说谎的时候，这一次说谎的不安就不会再成为压力。

有的家长会觉得，如果家长完全相信孩子，会让孩子变本加厉，以后更加肆无忌惮。然而，这些只是家长对孩子心理的误解。每个孩子都希望自己能够满足父母的期待，否

激发孩子的羞耻心，但是不要揭开孩子的遮羞布。

则，孩子就不会说谎话，更不会在谎话中还说自己要去图书馆。孩子知道父母对自己的期待是什么，更加知道自己怎么做能够让父母安心。

父母对孩子的每一句评价，都会成为孩子对自我的定义。孩子会让自己的行为更符合父母的表述。

一旦家长揭穿孩子，孩子可能会恼羞成怒，甚至在激动的情绪之下做出冲动的事情，例如离家出走、辍学、和父母爆发激烈的冲突等。而且被揭穿的孩子就失去了最后的退路，他们会干脆肆无忌惮，甚至破罐子破摔。

每一个孩子都希望成为家长眼中的优秀孩子。想获得家长的认可是孩子的本能。孩子的撒谎行为表明孩子并没有放弃维持自己在家长眼中优秀的样子，甚至不想让家长担心和难过。当孩子不想再在家长眼中维持优秀的样子时，才是真正糟糕的状况。

养育孩子，需要智慧和策略。家长追求的结果，应该是孩子能健康、愉悦地成长，而不是在亲子博弈中取得胜利，更不是完全征服孩子。无论遇到什么样的教育困境，家长都要努力识别背后的真相，指引孩子走向正确的、健康的、积极的成长道路。

附录1

咱们父母啊，都要谨记在心的话

♡ 在家庭中，每个人的心理感受都应当得到尊重。

♡ 我们的目标：健康的身体（身）、幸福的家庭（心）、成功的事业（灵）。

♡ 睡前原谅一切，醒来重回人间。

♡ 和爱人的沟通是为了家庭幸福，而不是去论对错的，你要释放给对方一种温暖祥和的感觉，反复告诉自己不是去找事的。

♡ 接纳孩子当下的一切，学会闭嘴，学会转身离开孩子，专注自己的事，学会接纳孩子的当下，让孩子确信他是

235

有价值的——在情绪上和孩子站在一起，在道理上跟老师站在一起。

♡ 在家里要提升孩子的胜任力，同时家长不要成为孩子的情绪污染源。

♡ 注重家庭氛围的建设，让这个家变得有欢声笑语，变得有意思，孩子们才愿意在家里待着。

♡ 给孩子送礼物的时候，把书和礼物结合起来送。

♡ 养成开家庭会议的习惯。以家庭会议的方式培养孩子参与多人说话的能力，再把这个能力迁移到和老师的沟通中去。

♡ 人与人之间关系的最高境界是"舒服"；家庭之间的关系最重要的是"温馨"；亲子关系最重要的是"看见"。

♡ 当你的成长跟不上爱人的时候，你的婚姻就会出问题；

当你的成长跟不上孩子的时候，你的教育就会出问题；

当你的成长跟不上领导的时候，你的工作就会出问题；

当你的成长跟不上客户的时候，你的合作就会出问题；

当你的成长跟不上市场的时候，你的公司就会出问题。

♡ 送孩子上学的时候说一句话："美好的一天从上学开始。"

♡ 对家庭历史闭上眼睛者，永远看不到自己和孩子的未来。

♡ 小的时候孩子会整理自己的书包，那么当他长大了就会整理自己的情绪。

♡ 在家庭中培养孩子的第一要务：承担家庭责任。你要培养一个在家庭里积极承担家庭责任并心疼你的孩子。

♡ 家庭教育最重要的是做好榜样，我们要关注自己的成长。

♡ 辅导孩子写作业的过程就是提升孩子领导力的过程。

♡ 只有孩子愿意听你说话的时候，你说的话才有用，否则你说的都是没用的话。

♡ 家长的要求越明确，孩子的执行越到位。

♡ 父母必须建立最基本的规则和威严，培养孩子的敬畏心。

♡ 角色对位：爸爸更像爸爸，妈妈更像妈妈，孩子才更像孩子。

♡ 三大经典沟通技术：接话技术、前置技术、失衡技术，融会贯通并综合运用，会对你的沟通之路提供有效支持。

♡ 培养一个输得起的孩子比培养一个成绩好的孩子更重要。

♡ 不要用自己软软的舌头，硬硬地刺伤孩子的梦想和理想。

附录2

弄清孩子坏行为背后的规律性真相

♡ 玩游戏的真相是孩子在现实生活里是低自尊的状态。

♡ 孩子拖拉磨叽的真相是对父母有怨气，这是一种无声的反抗。

♡ 孩子吃手的真相是内心焦虑、忐忑，没有归属感导致的。

♡ 孩子不和家长沟通的真相是孩子对家长充满负面情绪。

♡ 孩子黏人的真相是害怕被抛弃。

♡ 孩子喜欢抱毛巾被的真相是特别渴望被温柔地关注和看待。

父母会聊天，孩子更优秀

♡ 孩子爱哭、发脾气、扔东西的真相是不会用嘴表达和情绪管理能力低，同时家里面一定有情绪管理能力低的大人。

♡ 孩子说谎的真相是说实话无法如愿。

♡ 孩子磨蹭的真相是有人替孩子着急，以及孩子没被教过规则和规划。

♡ 孩子表达不顺畅的真相是心里不踏实，不痛快，不得劲。

♡ 孩子说话不算数的真相是他认为自己说话可以不算数，并且认为别人也接受自己说话不算数。这样的孩子一般是低自尊的孩子。

♡ 孩子爱看动画片或小说的真相是它们能够满足孩子丰富的情感需要，而这些需要在现实生活中得不到满足。

♡ 孩子不好意思接受赞美的真相可能是家长的赞美太随意，让孩子感受到不自在。

♡ 孩子有错误不愿意承认的真相是不愿意承担责任和后果。

♡ 孩子外部人际关系出问题的真相往往是内在自我关系存在问题。

♡ 孩子喜欢发泄情绪的真相是他不懂得用语言表达内心所想。

239

后记

    这本书的成稿过程很不容易，人民邮电出版社的嘉言品成团队找到我，想要我写一本着眼于改善父母的语言习惯的书。这个主题能击中广大父母的痛点。在我多年的实战经验中，我深切体会到咱们中国的父母在孩子这件事上做得太多了：说得多、做得多、操心多、干预多、控制多、期望多。

    很多父母的口头禅是"不听老人言，吃亏在眼前""爸爸妈妈的话糙理不糙""你别不听，我们都是为你好"，但是孩子不买账啊！其实，如果换一种说话方式，换换说话的内容，换个思路想问题，结果可能就是天壤之别。于是，我们达成共识，迅速启动。

    在成稿过程中，双方团队反复沟通、打磨稿件，前后花费了 1 年半的时间。成稿后，我又挤出所有能挤出的时间去做润色，把我认为父母需要的知识都梳理进去，让语言更生活化，让方法更精准有效。

本书的书名也是一波三折，前前后后起了 30 多个书名，最后定下这个：《父母会聊天，孩子更优秀》。我不否认有些父母不需要学习语言技巧，就能把孩子养好；我也不否认有些父母用着孩子不喜欢的对话方式也把孩子养得很优秀。但我依旧认为所有父母都应该读读这本书，如果你的孩子顽劣、不听话，那么它可以帮你激发孩子的优势，把你的"熊孩子"养得更懂事；如果你的孩子拖拉、学习不上心，那么它可以帮你激发孩子的自驱力，让孩子更积极主动；如果你很爱跟孩子交谈，可孩子十分抗拒，那么它可以帮你走进孩子内心。我希望这本书能让千千万万的家庭受益，仅仅通过改变聊天方式，就能扭转乌烟瘴气的家庭局面。

在本书的出版过程中，王玉清、张朝阳、王驰淋、丁艺杰、宋瑞升、马婷婷、章亚丽、李紫娟、张庭维、王树祥、李自强、孙田田、贾素燕、王罗琳、王艺霖、宋佳琪、范笑颖、黄顺利、金芳芳、陈耀辉、马洋洋、王亚博、秦鹏华、徐佳琪、韩翠莹、黄敏、任月雯、孟玉洁、王培培、王雪峰、马嫚徽、丁萍萍、孙新慧、张文博、刘映彤、吴欣怡、康晟翔等参与了此书的校对工作。

在此，我代表心时代父母研究院，对他们表示感谢！

同时也十分感谢人民邮电出版社嘉言品成团队的编辑老师们！

此外，我还要特别感谢找我求助的家长和孩子们，是你们为这本书提供了宝贵的素材和经验！

愿所有父母的语言都成为孩子成长中的蜜饯，而不是刀子。

愿所有孩子，都可以在"甜言蜜语"下成长得幸福、富足。